나를 찾아가는 독서여행

이 도서의 국립중앙도서관 출판예정도서목록(CIP)은 서지정보유통지원시스템 홈페이지(http://seoji.nl.go.kr)와 국가자료공동목록시스템(http://www.nl.go.kr/kolisnet)에서 이용하실 수 있습니다.
(CIP제어번호: CIP2018001064)」

현대인을 위한
독서대백과사전

나를 찾아가는 독서여행

김호경

말글빛냄

머리말

책의 함정에 빠지지 마라

이 책은 쉽게 설명되었다. 나는 현학적인 글을 극히 싫어하며, 멋진 문장을 쓸 능력도 부족하다. 소설 한 편을 놓고 온갖 미사여구를 동원해 평을 하는 사람을 보면 실소가 나온다. 그러한 사람은 평생 소설을 한 줄도 쓰지 못하면서 최대한 어려운 말을 사용해 자신의 지식을 뽐내기에 바쁘다. 안타까운 것은 대부분의 사람들이 그 말에 잘 속아 넘어간다는 사실이다.

내가 1988년 신입사원이었을 때 부장 한 분이 이렇게 말했다.

"아직은 신수가 그리 많지 않지만 시간이 지나고 직급이 올라가면 함께 올라가는 것이니, 확금자 불견인을 잊지 않도록 해요."

확금자 불견인(攫金者 不見人)은 "물욕에 눈이 가리면 의리나 염치를 모른다"는 뜻인 것은 알 수 있었는데 '신수'는 도대체 무슨 뜻인지 해독이 어려웠다. "30살이 안 된 신입사원이라 신수가 훤하지 않다"는 뜻인가? 사전을 찾아보니 이렇게 나와 있었다.

신수(薪水) : 땔나무와 마실 물. 월급을 이르는 말.

우리나라에서 '신수'라는 단어를 아무렇지도 않게 사용하는 사람이 과연 몇 명이나 될까?

인터넷에서 책에 대한 설명을 검색해보면 엄청나다고 할 정도로 많은 지적(知的) 단어들로 장식되어 있다. 포장의 과대화이다. 그 포장과 상업주의가 독자를 잘못된 독서의 길로 이끈다.

이 책은 2018년 이후를 살아가는 사람들을 위한 '독서 길잡이'이다. 이 책에서는, 책을 많이 읽으라고 권하지 않는다. 책은 현대인의 필수품이면서도 고장 난 나침반일 수 있다. 열심히 따라가 보니 남쪽이 아니라 동쪽인 것이다.

"이 산이 아닌게벼."

무릎을 쳤을 때는 이미 늦었다. 책을 많이 읽는 것이 잘못이란 말인가? 의문을 제기할 수 있고, 이의를 제기할 수 있다. 이에 대한 답은 본문에서 설명한다. 그러나 반드시 읽어야 할 책은 있다. 이 책은 그 책들과 함께 여행을 떠난다.

가장 좋은 독서의 방법은 삶의 지혜를 줄 수 있는 책을 자신의 수준에 맞게 순차적으로 읽는 것이다.

1) 삶의 지혜를 줄 수 있는 책은 고전(古典)이다. 그것이 인식의 창고에 차곡차곡 쌓여야 현대 창작물로 넘어갈 수 있다.

2) 자신의 수준은 자신이 잘 안다. 중학생이면 (빠르면 초등학교 고학년) 『어린

왕자』를 읽을 수 있지만 『죄와 벌』은 무리이다. 그러나 스스로를 똑똑하다고 생각하면 『죄와 벌』도 읽을 수 있고, 『존재와 무』도 읽을 수 있다.

3) 순차적으로 읽는 것은 재미있는 책, 자신의 성향에 맞는 책부터 읽어나가는 것이다. 사랑이 무엇인지 알고 싶다면 『폭풍의 언덕』을 읽으면 되고, 전쟁의 의미를 파악하고 싶다면 『서부전선 이상 없다』를 읽으면 된다. 그 후에 주제를 확대해 나가면 된다.

무엇을 읽을 것인가는 '오늘 저녁밥으로 무엇을 먹을 것인지'와 다르면서도 비슷하다. 한권의 책을 읽을 때마다 지식과 지혜가 쌓여 삶을 살아가는 올바른 나침반이 된다. 그리고 자신만의 길을 만들어 갈 수 있다. 이때 중요한 것은 독서의 함정에 빠지지 않는 것이다.

독서의 함정에 빠지는 가장 큰 이유는 어렸을 때 부모의 권유(혹은 강압)로 '위인전'을 읽었기 때문이며, 공부(정확히는 대학수학능력시험)에 집중하느라 고전을 건너 뛴 뒤, 성인이 되어 책의 기준을 확립하지 못한 채 베스트셀러에 매몰되었기 때문이다. 그 시기가 대략 27살 전후이다. 이때 책의 함정에 빠지면 영원히 헤어나지 못할 수 있다.

그러므로 가급적 25살 이전에 고전으로의 독서여행을 떠나야 한다. 만일 시기를 놓쳤다 하여도 "정말 늦었구나" 한탄하면서 일부러 포기할 필요는 없다. 인생은 길고, 시간은 많다.

"책 속에 길이 있다"는 말은 엉터리이다. 반면 맞기도 하다. 한 권의 책을 정독해서 그 책을 바탕으로 삶의 방향을 찾는 사람에게는 길이 나타나고, 베스트셀러에 매몰된 사람은 길이 보이지 않는다. 이 책이 그 길을 찾아가게 해주는 동반자가 되기를 바란다.

- 각 책의 소개 중에서 원문, 인명, 지명, 연도 등에 오류가 있을 수 있다. 이는 저자의 게으름에 기인한다.
- 한글과 병기한 제목은 가급적 영문으로 표기했다. 러시아어나 독일어보다는 영어가 보편적이기 때문이다. 다만 특별한 경우에는 원문을 사용했다.
- 제목은 널리 알려진 것을 택했다. 예컨대 『백년의 고독』이 아닌 『백년 동안의 고독』이다. 다른 책의 경우에도 마찬가지다.

차 례

머리말　책의 함정에 빠지지 마라　4

제1부 독서여행의 준비

책에 대한 질문　14
책의 진실　18
책을 읽는 순서　22
번역본에 대하여　31
독서의 양대 산맥　35
17권의 의미　48

제2부 명작으로의 여행

1. 『레 미제라블』 빅토르 위고　54
   아무런 표식이 없는 쓸쓸한 무덤의 주인공은 바로 나

2. 『데미안』 헤르만 헤세　62
   도무지 알 수 없는 "새는 알을 깨뜨려야 한다"

3. 『동물농장』 조지 오웰　70
   국민은 개·돼지가 될 수 있음을 일찌감치 예언하다

4. 『분노의 포도』 존 스타인벡   78
   자본주의의 잔인한 갈퀴는 그대를 빗겨가지 않는다

5. 『서부전선 이상 없다』 레마르크   88
   1명의 죽음은 특별한 뉴스가 아니다

6. 『앵무새 죽이기』 하퍼 리   93
   흑백 편견에서 진실은 어떻게 승리할까

7. 『어린 왕자』 생텍쥐페리   100
   그 양이 장미꽃을 먹었다 한들

8. 『욕망이라는 이름의 전차』 테네시 윌리엄스   108
   비 내리는 뉴올리언스의 오후를 좋아하시나요

9. 『이방인』 알베르 카뮈   115
   나는 부조리하지 않다. 세상이 부조리할 뿐

10. 『죄와 벌』 표도르 도스토옙스키   122
    그러므로 죽였지만…… 나의 양심은 편안하다

11. 『아Q정전』 루쉰   130
    살다보면 끌려 나가기도 하고, 끌려 나오기도 하는 것

12. 『이반 데니소비치의 하루』 솔제니친   139
    그날 하루는 삶의 모든 나날이었다

13. 『폭풍의 언덕』 에밀리 브론테
    해서는 안 될, 그러나 했어야만 하는 사랑 　　　146

14. 『달과 6펜스』 서머셋 모옴
    인생은 미쳤고, 예술은 바보짓이다 　　　155

15. 『부활』 톨스토이
    '구원받은 아기'로 돌아갈 수 있을까 　　　163

16. 『백년 동안의 고독』 G.G. 마르케스
    고독하지 않은 죽음은 없다. 다만 쓸쓸할 뿐 　　　171

17. 『고도를 기다리며』 사무엘 베케트
    기다림은 희망이 아니다. 속임수이다 　　　178

더 넓은 고전으로의 여행:
삶의 동반자가 되어 줄 외국 소설들 　　　186

제3부　마무리 독서여행

꼭 읽어야 할 고전 인문·과학서 　　　198
『탈무드』 깨달음보다 중요한 것은 실천 　　　198
『우파니샤드』 인간에 대한 진리를 구하라 　　　200

『법구경』 모든 것은 마음이 근본이다   202
『이기적 유전자』 왜 생물체는 이기적으로 행동하는가   204
『과학혁명의 구조』 패러다임이 새로움을 창조한다   206
『코스모스』 우주에서도 인간의 존재는 가치있다   209
『사기열전』 선과 악, 충절과 배신의 드라마   211
『러시아혁명사』 낡은 것을 무너뜨리는 힘   213
『중국 시가선』 시의 정수를 모으다   216
『시학』 왜 우리는 시를 써야 하는가   217
『예언자』 삶의 질서는 나를 낮추는 것   218
『아라비안 나이트』 이슬람 이해의 첫 걸음   220

꼭 읽기를 바라는 한국 소설   224
  근대기 작품   225
  현대기 작품   226
베스트 셀러에 대하여   255
명작 추리소설   263
가슴에 새겨야 할 '한국'과 '세계'의 명시   278
만화 명작   290

마지막 당부 책의 길은 자신이 만들어가는 것   296
찾아보기   298

제1부
독서여행의 준비

여행에 필요한 것은 많으면서도 적다. 큼지막한 트렁크 두 개를 양손으로 끌고, 등에는 배낭을, 옆구리에는 작은 가방을 메도 때로는 부족하다. 한편으로는 일단사일표음(一簞食 一瓢飮)으로도 충분하다. 호화로운 여행이든 홀가분한 여행이든 준비는 있어야 한다. 표주박에 물을 떠서 먹더라도 그 표주박은 있어야 하는 것이다.

마찬가지로 책을 읽기 전에는 기본적인 준비가 있어야 한다. 꼼꼼한 준비가 여행을 즐겁고 뜻깊게 해주듯 책의 기본 상식은 독서를 더욱 의미 있게 해준다.

책에 대한 질문

책의 진실

책을 읽는 순서

번역본에 대하여

독서의 양대 산맥

17권의 의미

책에 대한 질문

조금 더 솔직해지자

"나는 솔직하다."
대부분의 사람은 이 말을 믿지 않는다. 더 많은 사람들은 이 말을 비웃는다. 혹은 반대 의견을 말한다.
"네가 도대체 무엇이 솔직하다는 것이냐?"
다른 것은 몰라도 나는 책에 대해서만은 솔직하다.

나는 사람들에게 묻는다.
"책을 읽으면 인생에 도움이 된다고 생각하는가?"
98%의 사람들은 '그렇다'고 대답한다. '그렇지 않다'고 답하는 2%는 '대답할 가치가 없어서' 혹은 '질문자의 의도를 파악하기 위해서' 답변을 미룬다. 후자는 대개 삐딱한 시선으로 나를 바라본다.
이 대답의 옳고 그름을 떠나 우선 질문의 의미를 따져보자. 위 명제에는 두 단어에 대한 의문이 존재한다.

첫째, '책은 무엇인가?'이다. 이 질문에 정확하게 답을 말하는 사람은 드물다. 그럼에도 대략 이렇게 답한다. 책은 1)글자가 있고, 2)어느 정도의 분량(페이지)이 있고, 3)저자가 있고, 4)내용이 있고, 5)종이로 만들어진 것이다.

그렇다면 고등학교를 졸업한 대다수의 사람들은 왜 『수학의 정석』을 더 이상 읽지 않는가? 『국어사전』을 처음부터 끝까지 읽는 사람은 왜 드문가? 1990년대까지 존재했던, 우리 생활의 중요한 안내서였던 『전화번호부』를 열심히 읽지 않았던 이유는 무엇인가? 모두 위 5가지 기준을 충족했음에도 불구하고……

둘째는 '도움은 무엇인가?'이다. 이 질문에 정확하게 답을 말하는 사람 역시 드물다. 그럼에도 대략 이렇게 답한다. 1)책은 지식을 가르쳐주고, 2)지혜를 주고, 3)세상에 대한 시각을 넓혀주고, 4)간접경험을 하게 해주고, 5)성공에 이르게 해준다.

그렇다면 현대를 살아가는 대다수의 사람들이 『법학개론』을 읽지 않는 이유는 무엇인가? 경제가 정치보다 더 중요한 시대에 왜 대다수의 사람들은 『경제학 원론』을 열심히 읽지 않는가? 설사 『재미있는 경제학 여행』이라는 책을 읽었다 하여 부자가 되는데 −혹은 가난을 탈피하는데− 도움이 되었는가?

그렇지 않다고 나는 확신한다. 나는 경제/경영서(저자의 위신과 출판사 체면을 고려하여 책 제목은 밝히지 않는다)를 50여 권 정도 알파에서부터 오메가까지 독파했음에도 부자의 반열에 끼지 못했으며, 부끄럽게도 여전히 가난한 작가에 머물러 있다.
　『정의란 무엇인가』를 수없이 많은 사람이 읽었음에도 왜 우리나라는 정의롭지 않은가? 인간 지혜의 정수가 담긴 책으로 세계적 인정을 받는 『이솝우화』를 모두가 한번쯤 읽었음에도 왜 현명한 사람은 그리도 드문가?

　'책'이라는 것은 정의 내리기 어려우며, 그것이 우리네 삶에 '도움'이 되는가 여부도 쉽게 판단할 수 없다. 이제 첫 문장으로 돌아가자.
　"책을 읽으면 인생에 도움이 된다고 생각하는가?"라는 질문에 98%의 사람은 '그렇다'고 답한다. 그러면 나는 '그렇다'고 답한 한 명을 콕 짚어서 또 묻는다.
　"책 많이 읽었나요?"
　"…… 많이 읽지 못했습니다."
　언행불일치가 드러나는 순간이다.
　대부분의 사람들이 착각하거나 오해하고 있는 것 중의 하나가 '책을 많이 읽으면 성공한다'거나 '인생에 도움이 된다'고 생각하는 것이다. 대한민국에서 성공(이 성공은 사회적 출세 혹은 많은 부를 의미한다)은 -우선적으로- 수능에서 높은 점수를 받고, 내신 1등급이면 가능하다. 거칠게 표현해서 국영수를 잘해서 5지선다형에 강하면 성공할 확률이 높다. 아니면 부모가 금수저이거나…….
　그러므로 "공부를 잘하면 성공할 확률이 높다"는 표현은 맞지만 "책을 많이 읽으면 성공할 확률이 높다"는 표현은 애당초 잘못된 것이며, "인생에 도움이 된다"는 표현도 어불성설이다. 그래서 나는 20~30대에게 책을 읽지 말라고 당부한다. 책 읽을 시간에 기술을 배우거나, 여행을 떠나거나, 야전에서 실제적인 활동을 하라고 진심으로 권유한다. 나는 솔직하게 말한다.

"책은 인생에서 아무런 도움이 되지 않는 물건이다. 책을 읽느라 당신의 소중한 시간과 돈, 정열을 낭비하지 마라."

책의 진실

한 권의 책은 바다에 던져진 빈 병 하나이다

0.001%의 가능성

빈 병에 SOS라고 쓴 종이를 넣은 후 밀봉한 다음 바다에 던지면 누군가의 손에 들어갈 확률은 얼마나 될까?

거의 없다. 대부분 바닷속에 가라앉는다. 설령 운이 좋아 부산 태종대에서 던진 병이 인도의 어느 해변에서 발견될 수는 있겠지만 병을 주운 사람은 병을 던진 사람이 어느 곳에 있는지 알지 못한다. 설령 운이 약간 좋아서 어느 곳에 있는지 알았다 해도 그곳으로 구조하러 가지는 않는다. 설령 운이 더 좋아서 구조대를 보낸다 해도 그 사람이 살아있을 확률은 없다. 즉 병을 던진 사람은 자신의 뜻을 세상사람 그 누구에게라도 전하는 데 실패한다. 책의 운명도 이와 같다.

책은 '저자-출판사(편집자, 디자이너)-인쇄소-도매상-서점'의 길을 밟아 독자의 손에 쥐어진다. 그 과정은 몹시 험난하고 고달프다.

우리나라에서 하루에 발행되는 신간 단행본은 대략 120권 내외다. 휴일 제외하고 1년이면 약 37,000권 내외의 신간이 쏟아진다(참고서, 대학교재, 교과서, 잡지, 대본소 만화는 제외). 한 사람이 한 달에 3권의 책을 산다고 가정하면 36권이다(굉장히 많이 사는 사람이다). 즉 37,000권의 신간 중에서 1권의 책이 독자의 손에 들어갈 확률은 0.001%이다. 만약 당신이 책을 썼다면, 그 책이 독자의 손에 쥐어질 가능성은 거의 없다고 보면 된다.

누구의 잘못일까?

오늘 한 권의 책을 읽었다. 0.001%의 확률을 뚫고 선택된 책이다. 저자가 유명하고, 제목도 멋지고, 표지도 아름답고, 언론의 평가도 긍정적이고, 서점에서의 진열 위치도 좋다. 그래서 14,000원을 지불하고 구입해서 읽었는데…… 내용이 형편없다. 돈과 시간만 낭비했다. 굳이 잘잘못을 따지자면 누구의 잘못일까?

우선 저자는 아무런 잘못이 없다. 사람은 누구나 하고 싶은 이야기, 세상 사람들에게 들려주고 싶은 이야기가 있다. 그 이야기를 썼을 뿐이다. 또 저자는 자신의 책을 읽어달라고 부탁한 적도 없고, 강요한 적도 없다. 그러므로 저자는 잘못이 없다.

여기에서 저자와 작가를 구분할 필요가 있다. 일반적으로 저자(著

者)는 분야에 관계없이 책을 쓴 사람이고, 작가(作家)는 문예나 인문 등의 책을 쓴(혹은 쓰는) 사람이다. 이 중에서 '작가'의 행위에 대해 살펴보자. 사르트르는 이렇게 말했다.

> 우리는 흔히 언어란 "자기 생각을 표현하는 데" 쓰인다고 말한다. 그리고 또 우리는 보통 작가의 기능은 '표현하는 것'이라고 결론짓듯 말하는 습관이 있다. 다른 말로 해서, 작가란 "무엇인가 할 말이 있는" 사람이라는 것이다. 그러면 사람이라면 누구나 무언가 할 말이 있다. 자신이 행한 실험을 보고하는 학자로부터, 교통사고에 관해 보고서를 작성하는 교통순경에 이르기까지 할 말이 없는 사람은 없다. 그런데 세상 사람들 모두가 해야 할 말 중에 작가에 의해 표현되기를 요구하는 것은 하나도 없다.
> ― 『지식인을 위한 변명』 제3부 '작가는 지식인인가?' 중에서

여기까지 읽어보면 사르트르는 그 스스로가 작가이면서도 작가를 특별한 사람으로 여기지 않았다. 즉 작가는 길에서 늘 마주치는 장삼이사(張三李四) 중 한 명일뿐이다.

두 번째로, 인쇄소는 경제 행위를 했으므로 역시 잘못이 없다. 서점도 마찬가지다. 서점은 입고되는 모든 책을 진열해서 팔았을 뿐이다. 경제 행위의 일부분이다. 이제 남은 사람은 2명이다. 출판사와 독자이다. 출판사는 형편없는 책을 그럴 듯하게 포장하는 뛰어난 기술을 지니고 있다. 애당초 함량미달의 원고를 받아 리라이팅(Rewriting) 전문

가에게 의뢰해 20% 이상을 뜯어고친 후 본문 디자인을 하고, 비싼 돈을 들여 표지를 만든다. 온갖 미사여구를 동원해 책을 꾸미고, 엄청난 비용을 투자해 광고를 하고, 마케팅을 펼친다. 독자는 그 포장과 상술에 속아 돈을 지불하고 책을 산다. 그리고 탄식한다.

"속았구나!"

하지만 중고거래 사이트에서 구입한 택배박스 속에 들어 있는 벽돌보다 덜 분노한다. 무언가 삶에 도움이 되는 문장이 하나쯤은 있다고 애써 위안하기 때문이다. 그 거짓 위안에 스스로 만족한다.

이제 답은 명확하다. 형편없는 책을 읽는 잘못은 출판사가 50%, 독자가 50%이다. 조금 더 솔직하게 말하면 독자의 잘못이 70%이다. 이러한 잘못을 저지르지 않는 방법은 간단하다.

책을 읽지 않으면 된다.

무인도에 표류했을 때 종이에 SOS라고 써서 빈 병에 넣은 후 바다에 던지는 멍청한 행동을 하지 않기 바란다. 무인도에서 생존할 방법을 스스로 찾아야 한다. 빈 병을 빗물을 담을 용도로 사용해야 한다. 그러므로 나는 독자에게 충고한다.

"책을 읽느라 당신의 소중한 시간과 돈, 정열을 낭비하지 마라."

책을 읽는 순서

누구를 위하여 종은 울리나

시 한 편을 읽어보자.

죽음이여 뽐내지 마라.
어떤 이들은 너를 일컬어 무척이나 힘세고 무섭다지만
넌 그렇지 않다.
불쌍한 죽음아!
네가 해치워 버린다고 생각하는
사람들은 죽는 게 아니며, 넌 나도 죽일 수 없다.
　　……
아편이나 주문(呪文)도 우리를 잠들게 할 수 있다.
너의 일격보다 더 편하게.
한데 왜 잘난 척 하느냐?

짧은 한잠 지나면
우리는 영원히 깨어난다.
그리고 더 이상 죽음은 없다.
죽음이여, 네가 죽으리라.

 존 던(John Donne)의 '죽음이여 뽐내지 마라'라는 시이다. 던은 1572년 출생해 1631년에 사망한 영국의 성직자이다. 그의 일생은 파란만장했으며 그만큼 여러 권의 책을 남겼다. 우리에게 가장 익숙한 시는 다음의 시이다.

누구를 위하여 종은 울리나
– 기도문 중에서

누구든 그 자체로서 온전한 섬은 아닐레라.
모든 인간은 대륙의 한 조각이며, 대양의 일부이어라.
만일 흙덩이가 바닷물에 씻겨 내려가면 대륙은 그만큼 작아지며,
만일 모래톱이 그리되어도 마찬가지……
그대의 친구들이나 그대 자신의 영지가 그리되어도 마찬가지……
어느 누구의 죽음일지라도 나를 감소시키니,
왜냐하면 나는 인류 속의 한 존재이기 때문이다.
그러니 누구를 위하여 종이 울리는지 알고자 하지 말라.

종은 그대를 위하여 울리나니.

미국 작가 E. 헤밍웨이는 이 시의 한 문구(For Whom the Bell Tolls)를 인용해 소설 제목으로 붙였다. 『누구를 위하여 종은 울리나』는 1940년에 발표되었으며, 1952년 『노인과 바다』로 노벨문학상을 받았다. 그리고 1961년 7월 2일 미국 아이다호 주에서 엽총으로 자살했다. 63세의 나이였다. 그의 아버지 클라렌스 에드먼즈 헤밍웨이는 1928년 권총으로 자살했다. 『노인과 바다』는 "대어(大魚)를 낚으려고 분투하는 늙은 어부의 불굴의 정신과 고상한 모습을 간결하고 힘찬 문체로 묘사한 단편"이라는 평가를 받지만…… 아쉽게도 이제 그의 작품은 널리 읽혀지지 않는다.

헤밍웨이를 꼭 읽어야 할까

다리가 몹시 쑤셔온다.……
그런데 기다려라. 내가 그 짓을 하지 않으면 안 되는 까닭은, 내가 정신을 잃거나 또는 그 비슷한 상태에 빠지면 난처해지기 때문이다.……
아니, 안 된다. 왜냐하면 아직 내가 할 수 있는 일이 남아 있기 때문이다. 그것을 내가 알고 있는 한 나는 그 일을 하지 않으면 안 된다. 그것을 기억하고 있는 한 나는 그것을 기다리고 있지 않으면 안 된다. 오너라.……
나는 이제 더 이상 기다릴 수 없다. 더 이상 기다리다가는 정신을 잃고 말리라.……

그러나 만일 내가 기다려서 잠시 동안만이라도 적을 막아 준다면……그리 되면, 이야기는 완전히 달라진다. 훌륭히 하나의 일을 수행할 수 있다면……

『누구를 위하여 종은 울리나』의 마지막 부분이다. 그리고 책 전체를 관통하는 글이라 할 수 있다. 고등학교 2학년 때 이 책을 펼쳤을 때, 나는 혼란에 빠져들었다. 첫 번째 드는 생각은 '읽기 어렵다'는 것이었고, 두 번째는 '재미없다'는 것이었다. 읽기 어려운 이유는,

스페인에 특별한 애정을 가지고 있었던 어니스트 헤밍웨이가 스페인 내전을 계기로 이 소설을 쓰게 되었다. 스페인 내전이 끝나던 1939년에 집필을 하였고 1940년 출판되었다. 1936년 스페인은 공화파가 집권하고 있었는데 이에 반발하는 프랑코를 중심으로 하는 군부에서 반란을 일으켜 내전으로 확대된 전쟁이다. 헤밍웨이는 파시스트에 대항하여 스페인 공화파에 가담하였고 직접 전쟁에 참가하여 부상을 입기도 하였다.

……중략……

작자는 이 작품에서 개인과 인류와의 관계, 이 지상의 일부에서 벌어지고 있는 자유의 위기와 전세계의 자유와의 관계, 개인의 무력함과 연대책임의 중요성을 시사하고 있다. 자진하여 반(反)파시스트 의용군에 참가한 작가 자신의 체험이 토대가 되어 있다.

— 출처 『두산백과』

라고 설명되어 있다시피 스페인 내란을 배경으로 한다. 스페인 내란에 대해 알지 못한 상태에서 이 책을 읽는 것은, 짜장면을 먹을 때 면발 하나를 먹은 뒤, 짜장을 한 젓가락 찍어먹는 것과 같다. 짜장면의 맛을 제대로 알 수 없는 것이다.

스페인 내전은 1936년 7월(혹은 2월)에 시작되어 1939년 3월 28일 프랑코의 군대가 마드리드에 입성함으로써 종결되었다. 기간은 4년이지만 이 사건 하나만 놓고는 전체를 이해할 수 없다. 거슬러 올라가 스페인이 왜 내란에 휩싸일 수밖에 없었는지 역사적 배경을 파악해야 한다. 그러려면 제1차 세계대전에 대해 알아야 하고, 제1차 세계대전의 원인에 대해 알려면 1900년대의 '제국주의의 등장'을 먼저 알아야 한다. 즉 위로 끝없이 거슬러 올라가 '네안데르탈인의 출현'에서부터 시작해야 한다. 다시 말해서 이 세상의 거의 모든 책은 『세계사』를 먼저 읽지 않고서는 정확히 이해하기 어렵다.

다음은 내가 K일보에 기고한 칼럼의 한 대목이다.

독서에도 장유유서가 있다

끝까지 읽지 못하고 포기한 책이 여러 권 있는데 그중 하나가 러시아 작가 미하일 솔로호프의 장편 『고요한 돈강』이다. 1985년 노벨문학상을 수상한 작품으로, 책이 나오자마자 덜컥 5권을 사서 호기롭게 첫 권을 펼쳐들었으나 10쪽이 채 넘어가기 전에 벽에 부딪치고 말았다. 아무리 여러 번을 읽어도 사건의 전개가 이해되지 않는 것이었다. 굳센 인내심을 가지고 읽고 또 읽었으나 결국 포기하고 말았다.

그 이유는 무엇일까? 혹자는 "번역이 잘못되었다"고 비판했지만 그것은 남 탓에 불과하다. 끝까지 읽지 못한 이유는 러시아 역사를 제대로 알지 못한다는 데 있었다. 러시아의 근대 역사를 알지 못하고는 러시아 문학을 제대로 이해하지 못하고, 공감하지도 못하며, 교훈도 깨달을 수 없다. 그리하여 나는 러시아 역사책을 펴들었는데 그마저 순조롭지 못했다. 왜냐하면 러시아 역사는 유럽 역사와 맞물려 있고, 나아가 아시아 역사와 연관되어 있기 때문이었다. 결국 세계사 책을 처음부터 다시 읽을 수밖에 없었다.

책을 읽는 데는 순서가 있다. 수학의 미적분을 풀기 위해서는 그 기초가 구구단이듯 모든 책의 기초는 역사서이다. 가장 먼저 '세계사'를 읽고, 그 다음에 '중국사'를 읽고 그 다음에 '한국사'를 읽고, 그 다음에 '한국현대사'를 읽어야 한다. 덧붙여 '세계철학사'를 읽으면 독서의 기초를 놓았다고 할 수 있다.

꼭 이 순서가 필요할까?

한국의 역사는 오직 한국인만으로 이루어진 것이 아니며 아시아 여러 나라와 얽혀 있다. 일례로 임진왜란은 조선, 왜국, 명나라 3국의 전쟁이다. 조선과 왜국 양자 간의 전쟁이 결코 아니다. 또한 제2차 세계대전은 유럽 여러 나라와 일본, 아시아의 각국, 미국이 개입한 전쟁인데, 그것의 발단은 제1차 세계대전으로 거슬러 올라간다. 더 위로 올라가면 게르만족의 대이동―페스트(흑사병)의 창궐―몽골족의 세계 정복―칭기즈 칸의 출현까지 맞물려 있다. 어느 날 갑자기 제2차 세계대전이 터진 것이 아니다. 즉 고대에서부터 차근 차근 세계 역사를 알지 못하고는 제2차 세계대전의 원인과 결과를 이해할 수 없고, 미국이 어떻게 강대국으로 등장했는지 파악할 수 없다. 모든 사건은 반드시 그 앞의 사건과 연결되어 있으며 그 연결고리를 파악하지 못하면 현재 사건의 의미와 해결방법도 찾을 수 없다.

그러므로 모든 독서의 출발점은 반드시 '세계사'이어야 한다. 세계 역사의 흐름을 이해한 바탕 위에서 문학과 과학, 예술의 흐름을 파악할 수 있다. 이 튼튼한 바탕이 없으면 그 어떤 책을 펼쳐도 내 것으로 만들기 어렵다. 세계사의 흐름을 먼저 이해해야 책이 주는 올바른 메시지를 정확히 포착할 수 있다.

추천할 책은 없다

'세계사' 책은 굉장히 많다. 그런데 추천하고 싶은 책은 없다.

역사서는 1)객관적으로 설명되어야 하고, 2)가급적 읽기 쉬워야 하고, 3)동양과 서양의 역사가 비교적 같은 비중으로 서술되어야 하고, 4)정치·경제·사회·문화·예술이 포함되어야 하고, 5)꼭 필요한 영어와 한문이 괄호( ) 속에 들어가야 하고, 6)지도가 있어야 하고, 7)분량이 너무 많아서는 안 된다. 이 7가지 조건을 만족하는 책은 아쉽게도 없다. 6가지 조건을 만족하는 책도 발견하지 못했다.

:: 참고로 [위키피디아]에 '세계사' 항목이 있는데 전문을 다운받으면 200

자 원고지 4000매가 넘는다.

　세계사는 서점에 들러 자신의 지식수준과 취향에 맞는 책을 비교 선택해서 읽으면 된다. 만약 마음에 드는 '세계사' 책이 없다면 '서양사'를 먼저 읽고. 그 후에 '중국사'를 읽으면 된다. 시간은 조금 걸리지만 이 방법이 최선이다.
　서양사는 서울대 교수를 지낸 민석홍의 『서양사 개론』이 가장 우수하고, 중국사는 고려대 교수를 지낸 이춘식의 『중국사 서설』이 가장 우수하다. 두 책 모두 객관적이고, 이해가 빠르며, 재미도 있다. 그 후에 '한국사'를 읽으면 '역사로의 독서여행'은 끝이다. 한국사 역시 자신의 지식수준과 취향에 맞는 책을 고르면 된다.
　덧붙여 한 권의 책을 더 읽어야 한다. 『세계 철학사』이다. 철학사는 세계사의 한 부분이지만 -실제 모든 세계사 책은 초반부에 그리스 철학을 소개한다- 인간의 정신세계를 다루는 것은 전쟁을 다루는 것과 다르기 때문에 가급적 별도로 읽어야 한다. 한스 요아힘 슈퇴리히(Hans Joachim Storig 독일)의 『세계 철학사』를 추천한다. 약간 어렵기는 해도 일반인을 위한 가장 좋은, 객관적인 책이다. 이 책 전반을 통하여 가장 인상 깊은 문구는 다음과 같다.

　　"나는 이해하거나 인식하기 위하여 믿는다."(credo ut intelligam).

　스콜라 철학의 아버지라 불리는 안셀무스(Anselm of Canterbury, 1033~

1109)의 말이다.

  이제 요약하겠다. 책을 읽는 순서는,
    조금 복잡하게 요약하면 '서양사-중국사-한국사-철학사'이고
    간단히 요약하면 '세계사-한국사-철학사'이고
    한국사를 어느 정도 안다고 자신하면 '세계사-철학사'이고
    두 권 읽기가 버겁다면 '세계사' 만이라도 읽어라.
  만약 세계사를 먼저 읽지 않고 독서를 시작한다면 미적분을 먼저 배우고 인수분해를 배우려는 어리석음과 같다.

가장 먼저 읽어야 할 책

- 『서양사 개론』 민석홍
- 『중국사 서설』 이춘식
- 『세계 철학사』 한스 요하힘 슈퇴리히

번역본에 대하여

원전에 충실? 아니면 읽기 편한 것?

널리 알려진 것처럼 번역(飜譯)은 반역(叛逆)이다. 모음 하나로 뜻이 완전히 달라진다. "님이라는 글자에 점 하나만 찍으면 남이 된다"는 유행가 가사는 진실로 진리이다.

우리는 한글을 사용하고 또 여러 교육에 의해 한글은 매우 과학적이고 편한 글이라고 알고 있다. 유네스코(UNESCO)는 '세종대왕 문맹퇴치상(King Sejong Literacy Prize)'을 운영한다. 매년 세계에서 문맹 퇴치에 공이 큰 사람(기관)에게 주는 상이다. 그만큼 한글의 우수성과 특히 창제 정신을 인정하는 것이다. 한국인이 일본어를 배우는 것보다 일본인이 한국어를 배우기가 훨씬 쉽다.

그러나 글을 쓰는 일에 본격적으로 뛰어들면 한글이 상당히 어렵다는 것을 깨닫게 된다. 한글은 절대 쉬운 글이 아니다. 그만큼 다른 언어로 옮기기도 쉽지 않다.

그를 죽여라.

그를 없애라.

그를 살해하라.

그를 저승으로 보내라.

그를 영원히 잠재워라.

그를 무덤에 묻어버려라.

그를 어둠 속으로 사라지게 하라.

그를 지옥으로 보내라.

그를 사멸시켜라.

그의 숨통을 끊어라.

그의 목을 따라.

모두 같은 말인데 표현방법은 11개나 된다. 똑똑한 사람이라면 20개도 만들어낼 수 있다. 만일 번역자가 이를 전부 Kill him이라고 옮겼다면 의미 전달은 되지만 읽는 맛은 뚝 떨어진다. 이 상황을 뒤바꾼다면 어떻게 될까.

헤르만 헤세의 『데미안』에는 유명한 문장이 나온다.

Der Vogel Kämpft sich aus dem Ei.

Der = the

Vogel = 새, 날짐승

kämpfen = 싸우다, 전투하다, 격투하다, 투쟁하다

sich = 스스로, 자신

aus = ~에서, ~로부터

dem = the

Ei = 알, 달걀

이를 어떻게 번역해야 할까? 이제까지는 통상 "새는 알을 깨고 나온다"로 표현되었다. 그러나 "새는 알에서 나오기 위해 투쟁한다"가 정확한 번역(원문에 충실한 번역)이라고 주장하는 사람들이 있고, 실제 그렇게 번역을 한다. 옛날 판본들은 독일어 원문을 직역한 것이 아니라 독일어를 일본어로 옮긴 일본 판본을 한글로 번역한 것들이 꽤 많다. 이른바 중역(重譯)을 한 것이다.

[독일어-한글]이 아니라 [독일어-영어-한글] 혹은 [독일어-일어-한글]이다. 심하면 [독일어-영어-일어-한글]로 삼역(三譯)이나 거치는 책들도 있었다. 여기에는 장단점이 있다. 두 번 옮겨지는 과정에서 더 쉽고, 재미있고, 매끄럽게 다듬어지는 것이 장점이고, 그럴수록 원본과 멀어진다는 문제가 단점이다. 오늘날은 원본에 충실하게 하기 위해 직번역을 하다 보니 매끄러움이 떨어진다(나는 그렇게 생각한다).

『사기열전』을 한글로 옮긴 김원중 교수는 이렇게 말했다.

청 말기의 유명한 번역가로서 중국의 근대화에 결정적 기여를 한 엄복(嚴複 1854~1921)은 외국작품을 번역하는데 있어 어려움을 신(信)·달(達)·아(雅) 세

가지로 말하였다. 信은 지나치게 원문에 충실하여 저자의 진의를 왜곡하거나, 역자의 자의적 판단으로 작품의 원뜻을 가리는 일이 없게 하는 것이다. 達은 반드시 물 흐르듯 무리 없이 읽혀야 한다는 것이며, 雅는 적절한 수식을 덧붙이고 글의 품위를 유지시킴으로써 독자들이 비교적 쉽게 읽어야 하는 것이다.

전적으로 옳은 말이다. 엄복의 말에 따르면 '지나치게 원문에 충실한 것'은 신(信)을 저버리는 것이다. 그러므로 나는 "새는 알을 깨고 나온다"를 옹호한다. 그러나 앞으로는 대부분의 『데미안』이 "새는 알에서 나오기 위해 투쟁한다"로 표현될 것이다. 이는 시대의 흐름이다.

세계 고전 명작은 한국전쟁이 끝난 후인 1950년대 중반부터 본격적으로 간행되기 시작했다. 그 책들은 [영어-한글], [프랑스어-한글]이 아닌 [영어-일어-한글], [프랑스어-일어-한글]일 확률이 높다. 일본인들이 원본에 얼마나 충실했는지도 가늠하기 어렵다.

이제 독자는 두 가지 중에 하나를 선택해야 한다.

1) 원본과 약간 다르지만 읽기 편한 번역본을 더 빠르고, 재미있게 읽을 것인지
2) 읽기 어렵지만 원본에 충실한 번역본을 읽을 것인지……

내가 독자라면 1)번을 택하겠다.

독서의 양대 산맥

땅은 책으로 나누어진다

어찌어찌 하다 보니 세계는 동양과 서양으로 나누어졌는데 사실 이 구분은 애매모호하다. 쿠웨이트는 동양인가 서양인가? 아프리카 모잠비크는 동양인가 서양인가? 옛날 소련의 일부였던 투르크메니스탄은 서양인가 동양인가? 쿠웨이트와 투르크메니스탄은 아시안게임(Asian Games)에 참가하기 때문에 아시아인가? 학자들은 여러 이유를 들어 그들이 아시아, 즉 동양 국가라 하지만 겉모습, 언어, 인식, 풍습, 사회제도는 완전히 다르다. 살아가는 모습은 비슷하지만 살아가는 형태와 인습은 다른 것이다.

나는 동양과 서양의 기준은 네 권의 책에 있다고 생각한다.

『성경』, 『그리스 로마 신화』, 『논어』, 『삼국지』이다. 앞의 두 책에 영향을 받았으며 지금도 그 원리(교리), 사상에 따라 살아가는 나라는 서양이다. 뒤의 두 책에 영향을 받았으면 동양이다. 이는 한 개인의 종교와는 별개이다. 네 책 모두 인류 역사 초기에 간행되었으며, 혹은 그때를 무대로 한다. 이 기준에 의하면 유럽, 북남미, 오세아니아, 아프리카는 서양이고, 아시아는 동양이다. 중동은 약간 애매한데 그래서 이름 그대로 중동(中東)이다.

우리는 한국 땅, 즉 동양에 살고 있지만 세계화 덕분에 서양과 밀접한 관계를 맺고 있다. 그래서 네 권의 책을 모두 읽어야 한다. 이 네 권은 독서의 두 번째 단계에 해당한다. 앞에서 말했듯 '세계사'가 1단계이고 네 책이 2단계이다. 만일 2단계를 뛰어넘어 곧바로 고전의 세계에 진입하면 책의 의미, 내용, 대사에 함축된 뜻, 전후관계를 제대로 이해하기 어렵다. 그러므로 시간이 조금 걸리더라도 꼭 네 권의 책을 읽기 바란다.

『성경』(聖經)

서양사상의 원형(元型)

『성경』(Bible, Scripture)은 교회용어사전에 의하면

하나님께서 자신과 그 뜻하시는 바를 인류에게 계시해 주신 영감의 기록(디모데후서 3:16)이다. 기독교의 유일한 경전으로서 교회는 이 성경을 믿음과 행위(신앙과 생활)의 표준으로 삼고 있다. '성경'이란 말은 원래 '두루마리', '문

서', '책' 등을 뜻하는 헬라어 '비블리아'(Biblia)에서 온 말이다.

『성경』은 익히 아는 바와 같이 구약과 신약으로 나눈다. 구약은 39권, 신약은 27권이다. 그 기준은 그리스도의 탄생이다. 구약(舊約, Old Testament)은 세계의 탄생 과정을 출발점으로 인간의 창조, 에덴동산에서의 추방, 대홍수, 모세의 인도에 따른 이집트에서의 탈출, 이스라엘의 역사, 다윗과 골리앗의 대결, 솔로몬의 지혜 등 초기 세계 역사가 담겨 있다. 『시편』, 『잠언』 등은 명상록으로서도 훌륭한 내용이다.

신약(新約 New Testament)은 예수 탄생 이후의 기록이다. 복음(福音)과 제자들의 행전, 편지들로 묶어져 있다. 구약에 비해 내용이 다소 어렵고 전문적인 내용이 많다. 전문가나 학자, 목회자의 설명이 없으면 이해하기 어려운 구절이 대부분이다. 그래도 충분히 읽을 수 있다.

『성경』은 종교적 관점을 떠나 문학적 관점에서 매우 뛰어난 명작이다. 서양에서 간행된 시나 소설을 읽으면 성경에 관련된 내용이 거의 예외 없이 등장한다. 서양인과 대화를 나눌 때 성경에 대한 기초지식이 없으면 대화가 맥락을 잃을 때가 있다.

"그러한 행동은 바벨탑을 쌓는 것이나 마찬가지에요."
"가롯 유다처럼 후회할 일은 하지 않는 게 낫지요."

이 말들은 전부 성경이 바탕이다. 3천 년 동안 전해 내려온 성경은 유럽, 북남미, 아프리카, 오세아니아에 걸쳐 그곳에 사는 사람들의 인식, 풍습, 행동, 가치관에 영향을 끼쳤다. 그러므로 성경을 깊게는 아니더라도 한번은 반드시 읽기를 권한다.

『논어』(論語)

동양사상의 출발점

"공자가 죽어야 나라가 산다"는 말은 맞는 말이다. 2001년 간행된 김경일의 『공자가 죽어야 나라가 산다』는 출간 이후 엄청난 찬반양론에 휩싸였는데 부정적 효과보다는 긍정적 효과를 불러왔다고 생각한다. 그렇다 한들 『논어』를 읽지 말라는 뜻은 아니다.

> 學而不思 則罔 思而不學 則殆
> 학이불사 즉망 사이불학 즉태

> 단지 학습만 하고 사색하지 않으면 수확이 없다. 단지 사색만 하고 학습하지 않으면 현혹된다.

결코 나쁜 말이 아니다. 남녀 불평등, 가부장제도, 수직 조직, 창의성 말살 등은 당연히 사라져야 한다. 그러나 이것들은 『논어』와 관계가 없다. 동양 사회를 오랫동안 지배하고 있는 유교적 인식을 지켜야 할 것인지, 과감히 타파해야 할 것인지 다른 사람의 말에 좌우되지 말고 『논어』를 읽고 스스로 판단해보라.

읽어야 할 또 하나의 이유는 한문 공부이다. 다음은 2017년 11월 27일 중앙일보에 실린 기사의 일부이다.

현재 기네스북에 오른 세계에서 가장 빠른 자동차는 영국에서 제작한 '스러스트 SSC'다. 1997년 영국의 공군 조종사 출신 앤디 그린이 이 차를 몰고 미국 네바다 사막에서 이뤄진 주행에서 시속 1228km(763mile)를 기록했다. 지상에서 처음으로 음속(시속 1224km)을 돌파한 것으로, 여객기보다 빠른 속도다. SSC는 초음속자동차(Super Sonic Car)를 뜻하는 영문 이니셜이다.

이를 한문과 영문 혼용으로 바꾸면 이렇게 된다.

現在 Guinness Book에 오른 世界에서 가장 빠른 自動車는 英國에서 製作한 'THRUSTE SSC'다. 1997년 英國의 空軍 操縱士 出身 Andy Green이 이 車를 몰고 美國 Nevada 沙漠에서 이뤄진 走行에서 時速 1228km(763mile)를 記錄했다. 地上에서 처음으로 音速(時速 1224km)을 突破한 것으로, 旅客機보다 빠른 速度다. SSC는 超音速自動車(Super Sonic Car)를 뜻하는 英文 initial이다.

조금 당황스러워진다. 조사와 형용사, 부사 몇 개를 제외하고 거의 모든 단어가 한자(와 영어)이다. 즉 한자는 우리가 사용하는 언어의 적어도 60% 이상을 차지한다. 한자를 알지 못하고는 단어의 진정한 의미를 알기 어렵고, 책을 제대로 읽기 어렵다. 한자 공부를 하는 방법의 하나로서 『논어』를 한번 읽어보기를 권한다. 그 후 공자가 죽어야 나라가 사는지, 죽는지 판단해보라.

『그리스 로마 신화』(Greek Roman Mythology)

세계의 창조와 신들의 활약

서양은 헬레니즘과 헤브라이즘으로 구성되어 있다. 헬레니즘(Hellenism)은 의견이 분분한데 보통 알렉산더 대왕이 동방을 정복한 이후 서구와 중동, 인도 지역으로 퍼져 나간 그리스 문화를 뜻한다. 구약을 바탕으로 형성된 헤브라이즘(Hebraism)과 결합되어 통상 '서구문명의 뿌리'로 인정받는다.

그리스(로마를 포함해서)는 세계 4대 문명 발상지이며, 오늘날 서구인의 인식과 행동, 풍속에 많은 영향을 끼쳤다. 소크라테스, 아리스토텔레스 등을 배출한 그리스 철학은 오늘날에도 중요한 가치를 지니고 있다.

『그리스 로마 신화』는 세계가 어떻게 만들어졌으며 다양한 신들이 어떻게 세계를 다스렸는가를 보여주는 걸출한 이야기책이다. 올림푸스, 티탄족들을 패배시키고 신의 제왕이 된 제우스, 그의 아내 헤라, 바다의 지배자 포세이돈, 지혜와 전쟁의 여신 아테나 등 다양한 신들이 등장한다. 올림푸스 12신(神)을 비롯해 태초의 신, 님프(요정), 왕, 로마의 영웅들, 괴물까지 포함하면 등장인물이 수백 명으로 늘어난다. 우리가 잘 아는 헤라클래스, 오디세우스, 헥토르 등은 로마의 영웅이고, 고르곤, 메두사, 켄타우로스는 괴물이다.

왜 이처럼 등장인물이 많은 것일까? 신과 요정, 괴물들은 제각각 맡은 역할이 있다. 어떤 신은 부엌을 관장하고, 어떤 영웅은 대양을 탐험하고, 어떤 괴물은 인간을 절단 내서 먹어치운다. 현세계의 모습을 그대로 보여주는 것이다. 즉 신화는 신화이면서도 현실의 거울이다.

벨레로폰테스(Bellerophontes)는 포세이돈(Poseidon)의 아들로 용감한 무사이다. 리키아(Lycia)에 괴물 키마이라(Chimaera)가 나타나 사람들을 죽이고 마을을 황폐화 시켰다. 이오바테스(Iobates) 왕이 고심하고 있을 때 사위인 프로이토스(Proetos)가 무사 한 명을 보내주었다. 그가 벨레로폰테스이다. 그는 밀봉된 편지를 왕에게 바쳤다. 편지에는 벨레로폰테스의 용감무쌍함을 칭찬하면서 키마이라를 반드시 물리칠 것이라 적혀 있었다. 일종의 추천서였다. 그리고 마지막에 이렇게 당부했다.

"괴물을 물리친 후 벨레로폰테스를 꼭 죽여주세요."

추천서인 동시에 사형집형 지령서였다. 벨레로폰테스는 그 사실을 모른 채 용감히 싸워 키마이라를 퇴치시켰다. 그러나 다가오는 운명은 무엇일까? 자신의 미래 불행의 운명을 담은 편지를 스스로 전하는 것을 '벨레로폰테스의 편지'라 한다. 이러한 일화는 우리 인생 곳곳에 숨어 있다. 그것이 좋은 것인 줄 알고 덥석 물었는데 알고 보니 파멸의 지름길이었던 것이다!

『그리스 로마 신화』는 재미있는 책이다. 서구의 이야기, 먼 옛날의 이야기라 하여 미리 겁먹을 필요는 없다. 책을 펼치면 이미 아는 이야기들이 의외로 많다(예컨대 '오이디푸스 콤플렉스'). 또 오랫동안 다듬어지고 각색되어 어렵지도 않다.

번역본은 여러 종류가 있다. 일반적으로 토마스 불핀치(Thomas Bulfinch) 책이 세계적으로 널리 알려져 있다. 에디스 해밀턴(Edith Hamilton)의 책도 꾸준한 사랑을 받는다. 한국 작가로는 번역가 겸 소설가였던 이윤기의 저서가 있다. 어느 책이 더 좋다고 평가할 수는 없다. 서점에서 각각의 책을 펼쳐놓고 비교한 후 자신의 수준과 성향에 맞는 책을 고르면 된다. 축약본이나 만화는 권하지 않는다.

『삼국지』(三國志)

영웅들이 들려주는 세상살이의 전략

삼국지를 한 번도 읽지 않은 사람과는 대화를 하지 마라. 삼국지를 열 번 이상 읽은 사람과도 대화를 하지 마라. 둘 다 맞는 말이다. 그런데 시대가 변했는지 삼국지를 읽는 사람이 갈수록 줄어들고 있다. 서양에 『그리스 로마 신화』가 있다면 동양에는 『삼국지』가 있다. 둘은 쌍벽(雙璧)이다.

제우스(하늘), 포세이돈(바다), 하데스(지옥)는 3대 신(神)이다. 유비, 조조, 손권은 3대 패왕이다. 엄청나게 많은 인물이 등장하는 것도 유사하고, 각자의 역할이 있는 것도 비슷하다. 삶과 죽음이 있고, 음모와 협상, 전쟁과 모험, 충절과 배반이 넘쳐난다. 단, 『삼국지』에는 사랑이 없다. 오이디푸스 콤플렉스(Oedipus complex), 아킬레스건(Achilles Tendon)이 현대에도 유효한 것처럼 그에 대비되는 읍참마속(泣斬馬謖), 비육지탄(髀肉之嘆) 등 무수한 사자성어가 쌍벽을 이룬다.

익히 아는 것처럼, 유방(劉邦)이 세운 한(漢)나라는 말기에 이르러 쇠망의 징조를 보이기 시작한다. 1)정치가 문란해지고 2)관리들이 부패해지고 3)황제가 무능하고 4)자연재해가 덮치면서 멸망으로 치닫는다(역사를 보면 왕조나 국가의 몰락은 보통 이 4가지가 한꺼번에 찾아온다). 그리고 각지에서 군웅이 할거한다. 군웅들은 3명으로 압축된다. 위(魏)의 조조, 오(吳)의 손권, 촉(蜀)의 유비이다.

보통 주인공이 유비이고, 조조는 사악하면서도 영리하고, 손권은 용감하다. 유비가 삼국을 통일하기를 바라는 마음은 간절하지만 그 위업은 다른 사람에 의해 달성되고, 그마저도 왕위를 빼앗긴다. 역사는 소망이나 예측을 거부하는 것이다.

삼국지는 동양인의 사고방식에 큰 영향을 끼쳤고, 동시에 지혜를 안겨주었다. 인간관계, 상하관계의 인식, 목표의 설정, 전략의 창출, 대응책 등등 여러 지혜를 준다. 이 지혜와 고대의 전술전략을 현대에 그대로 적용할 수는 없다. 그러나 응용은 가능하다. 나아가 삶의 행로에 지침으로 삼을 수도 있다. 삼국지가 『논어』처럼 동양의 타파해야 할 수직적 관계, 군주에의 충성 강요, 가부장적 사고를 조장한다고 말할 수도 있다. 일견 틀린 말은 아니다. 그러나 『논어』와 마찬가지로 일단 읽어본 후에 평가를 내리기 바란다.

『삼국지』는 수많은 사람에 의해 발행되었다. 치열한 대결에서 이문열의 삼국지가 대세를 이루었으나, 나 개인적으로는 월탄 박종화(月灘 朴鍾和) 판본을 권한다. 민음사에서 간행된『정사 삼국지』는 진수(陳壽)의 저서를 원전으로 했으며 [위(1·2)], [오], [촉] 4권으로 엮어졌다.

중국의 4대 기서(奇書)는『삼국지』를 포함해 시내암(施耐庵)의『수호전』, 명나라 때 간행된 오승은(吳承恩)의『서유기』, 난릉소소생(蘭陵笑笑生)의『금병매』이다. 청나라 때 조설근(曹雪芹)의『홍루몽』까지 치면 5대 기서이다. 가장 재미있기는『서유기』이고, 가장 감동적인 것은『수호전』이다.

셰익스피어를 어떻게 할까

서구 문학의 모태를 셰익스피어(William Shakespeare)로 인정하는 사람들이 많다. 논란이 있을 수 있지만 어느 정도는 사실이다. 그러나 그가 실존 인물이 아니라는 주장도 있고, 작품 수에 있어서도 명확한 통계는 없다. 희극은 『한여름밤의 꿈』을 비롯해 16편, 시는 『비너스와 아도니스』를 비롯해 6편, 사극은 『헨리 8세』를 비롯해 10편, 비극은 『로미오와 줄리엣』을 비롯해 12편이고, 사라진 작품이 2편 있다 하며, 그 외에 추정 작품이 11편이라고, 기록되어 있다. 다 합하면 57편이다.

셰익스피어는 어렸을 때 집안은 풍족했으나 대학교육은 받지 않았다. 그러나 공부를 열심히 했는데 "주로 『성서』와 고전(古典)을 통해 읽기와 쓰기를 배웠고, 라틴어 격언도 암송하곤 했다"고, 기록되어 있다. 결국 서구인의 작품은 『성경』이 바탕이 되고 있음을 알 수 있는데, 궁금한 것은 그가 공부했던 1580년대의 고전은 과연 어떤 것들일까?

> '내 사랑' 하며 그녀는 말했지,
> 이 상아빛 하얀 원 사이에
> 내가 너를 붙잡고 있는 동안
> 나는 뜨락이 되고 너는 내 사슴이 되어
> 산과 언덕에서 마냥 마음껏 먹어다오
>
> — 서사시 '비너스와 아도니스' 일부분

비너스(Venus)는 사랑의 여신이고, 아도니스(Adonis)는 사냥을 좋아하는 아프로디테의 연인이다. 출전은 당연히 『그리스 로마 신화』이다.

셰익스피어의 작품은 지금 이 시각에도 최소한 세계 각국의 10곳 이상의 극장과 공연장에서 상연되고 있으며 누군가 영화로 제작하거나 구상하고 있을 것이다. 500년 전의 창작품이 여전히 우리에게 영향을 끼치고 있는 것이다. 하지만 그의 작품은 원전이 희곡(戱曲)이다. 소설이 아니기에 읽기가 달갑지 않다. 그럼에도 불구하고 꼭 읽어야 할 작품이 있는데 비극 『맥베스』, 『햄릿』, 『리어왕』, 희극 『베니스의 상인』이다.

알거든 얘기나 좀 해주게. 뭣 때문에…… 백성을 괴롭히고 날마다 쇳물을 부어 대포를 만들고, 외국에서 무기를 사들이지? 왜 조선공들을 징발해서 쉬는 날도 주지 않고 혹사를 하지? 무엇이 다급하기에 밤과 낮의 노동을 가리지 않고 백성의 땀을 강요할까? 아는 사람은 얘기를 좀 해주게.

햄릿의 한 대목이다. 이러한 상황은 대부분의 나라에서 지금도 되풀이되고 있다. 가장 유명한 대사는

사느냐 죽느냐 그것이 문제로다.
To be or not to be, that is the question.

이어지는 대사는

가혹한 운명의 화살을 마음 아프게 참는 것과, 무기를 들어 고난의 물결에 항거하여 이를 종식케 하는 것은 어느 쪽이 더 고상한 태도인가?

위 질문에 답해보라. 그러기 위해서는 우선 『햄릿』(Hamlet)을 읽어야 한다. 『맥베스』(Macbeth)는 국왕을 살해하고 왕위에 오른 맥베스의 멸망을 그렸고, 『리어왕』(King Lear)은 딸에게 버림받은 노왕(老王)의 인생행로를 그렸다.

『베니스의 상인』(The Merchant of Venice)은 유대인 샤일록의 돈에 대한 집착과 그에 대응하는 '선량한 영국인들의 현명함'을 보여준다(무대가 베니스이므로 이탈리아인일 수도 있다). 결과는 해피엔딩이지만 생각해 볼 문제는 많다. 과연 샤일록이 비난을 받아야 하는가? 돈을 빌려주고 이자를 받는 것은 정당한 것이며, 양자는 증서를 작성했다. 돈을 갚지 않았으므로 증서에 의해 '심장에서 가장 가까운 곳의 살'을 베어 내려는 것이다. 그런데 판사는 자비를 요구한다. 범법자가 판사에게 자비를 구해야 하는데 그 반대로 판사가 자비를 요청하는 것이다. 법에 자비가 가능한가?

1500~1600년대 유럽의 풍광을 상상하면서 왕국의 흥망과 함께 복수, 음모, 저주, 사랑, 배신, 전쟁, 암투, 처세, 이별, 몰락의 드라마에 빠져 볼 것을 권한다.

17권의 의미

평생 17권이면 충분하다

전 세계에서 가장 큰 도서관은 미국의회도서관(The Library of Congress)이다. 대략 3천만 권이 넘는 도서(자료)가 있으며 '470개 언어로 되어 있는 인쇄물들이 있다'고 위키피디아에 소개되어 있다. 나아가 5천 8백만 개의 문서, 1백만 권의 미 정부출판물, 1백만 편의 세계 신문, 50만 개의 마이크로필름, 6천 권의 만화책, 세계 최대의 법학도서, 480만 점의 지도, 악보, 270만 장의 음반이 있다. 국력이 세계 제일임을 보여주는 숫자들이다.

우리나라 국립중앙도서관에 소장된 자료는 2017년 3월 기준 총 10,914,801권(책)이다. 이 중에서 국내도서(번역서 포함)는 7,683,213책이다. 엄청난 속독법을 발휘해 하루 1권의 책을 읽는다면 21,049년이 걸린다. 인생 한 번이 80년을 산다고 가정하면 263번의 윤회 과정을 거쳐야 한다.

여기에서 중요한 것은 엄청나게 많은 윤회를 거쳐야 (그 동안에도 책은 계속 늘어나기 때문에) 하는 것이 아니라 그 어느 곳이든 보관되고, 진열되고, 소유된 책의 97%는 그 가치를 논하기 어렵다는 것이다. 즉 나의 관점에서 보면 7,452,717권의 책은 장식용 숫자에 불과하다. 미국 의회도서관의 29,100,000권의 책 역시 인생에 그다지 도움이 되지 않는다.

모든 책은 가치가 있다거나, 책은 소중하다는 인식은 부모세대와 기성세대의 잘못된 교육에서 비롯되었다. 그 인식을 깨지 않으면 책으로부터 자유로울 수 없으며, 무가치한 책을 읽느라 시간과 열정, 돈을 낭비한다.

2015년 어느 날 나는 집에 책이 너무 많아 거주공간이 갈수록 줄어들고 있음을 깨달았다. 그때 한 권의 책이 눈에 들어왔다.『2007 부동산 전망』이었다. 어처구니없는 웃음이 나오지 않을 수 없었다. 2015년에 왜 2007년을 전망한 책을 가지고 있을까? 더구나 부동산에는 눈곱만큼의 관심도 없고, 더 중요하게는 돈도 없는데!

누구라도 그가 소유한 책의 태반은 유효기간이 진즉에 지났으며, 지나지 않았다 해도 함량미달이다. 그럼에도 불구하고 대부분의 사람들은 그 책을 애지중지 소유하고 있으며, 그와 똑같은 책을 또 읽을 확률이 높다. 왜 그럴까?

"책을 읽으면 성공한다"는 잘못된 명제를 믿고 있으며, "책을 읽으면 인생에 도움이 된다"는 근거 없는 사실로 스스로를 위안하기 때문이다. 현대의 한국 독자는 책에 대한 잘못된 믿음과 자기 위안의 포로가 되어 있다. 그 결박에서 벗어나야 한다. 책은 꿈을 이루어주는 요소가 아니며, 성공의 동반자도 아니다. 책은 그 이후의 삶과 관련이 있다. 사회에 첫발을 디뎠을 때, 사회적 지위를 확립했을 때, 리더가 되었을 때, 가장이 되었을 때, 창업을 모색할 때, 인간관계가 난맥을 보일 때, 탈출구를 찾으려 할 때, 미래로 도약하려 할 때, 바로 그때 발판이 된다. 단 좋은 책을 읽는다는 조건 하에서만 가능하다.

세계를 한 바퀴 돌아보자

좋은 책은, 간단히 말해 고전이다. 고전(古典)은 고전(苦戰)이 될 수도 있고, 고전(古錢)이 될 수도 있다. '고'리타분한 '전'적(典籍)의 약어일 수도 있다. 분명한 것은, 고전을 읽지 않으면 인생에서 고전할 수 있으며, 현재의 돈이 아닌 옛날돈(古錢)만 모을 수 있다는 점이다. 그러므로 매스컴을 화려하게 장식하는 베스트셀러의 유혹에 빠져서는 안 되며 고전에 세계에 빠져들어야 한다.

나는 고심에 고심을 거듭한 끝에 17권을 선정했다. 이 책들은 세계를 대표하므로 다 읽으면 부족하나마 세계일주를 마치게 된다. 또한 사회·문화·정치·전쟁·사랑·예술 등 각 분야를 망라한다.

명작을 추천하는 리스트는 많고도 많다. 대학, 연구기관, 단체, 각급 학교 등에서 '꼭 읽어야 할 100권의 책' 등을 발표하고, 권장한다. 그 100권에는 '듣보잡'도 있으며 현대인에게 아무런 의미가 없는 책들도 있다. 세르반테스의 『돈키호테』는 거의 모든 독서목록에 올라가 있는데, 솔직히 말해서 현대 한국인에게 중세의 기사 돈 키호테(Don Quixote)와 그의 시종 산초 판사(Sancho Panza)가 벌이는 모험여행이 무슨 의미가 있을까?

남자라면 반드시 읽어야 할 소설로 추천받는 『모비딕』(Moby Dick, 白鯨)은 "한때 포경선을 탄 경험이 있는 멜빌(Herman Melville)은 작은 배로 거대한 백경과 싸우는 웅장한 광경을 잘 묘사하였다. 발표 당시에는 진가를 인정받지 못하였으나, 20세기에 이르러 재평가되어 격조 높은 서사시적 산문의 아름다움과 함께 세계문학의 걸작으로 꼽힌다"는 평을 받는다. 그러나 내 독서력(讀書歷)에 의하면 지극히 '재미없다.' 단지 체제가 특이할 뿐이다.

즉 책을 많이 읽으려 하지 마라. 17권만 읽어도 충분하다. 그러나 이 17권은 반드시 읽어라. 17권도 읽기 벅차다면 『그리스 로마 신화』와 『삼국지』만이라도 읽어라. 각각 서양과 동양의 정수를 담은 책이다. 또한 가급적 35살이 되기 전에 17권을 읽어라. 그 이후의 독서는 무의미하다. 홍역 예방주사와 똑같다. 만 6세 이전에 맞아야 한다. 만약 15살에 홍역 예방주사를 맞으면 어떻게 될까?

제2부
명작으로의 여행

이제 여행을 떠나는(꼭 읽어야 할) 책은 17권이다. 주제는 모두 다르다. 세계화 시대를 살아가는 독자를 위해 나라별로 안배했다.

만약 이미 읽은 책이라면 [더 알아두기]에서 소개한 책을 읽으면 된다.

읽는 순서는 취향, 성향, 독서의 수준에 따라 다르다. 자신에 맞게 순차적으로 읽어 나가면 된다.

이 목록은 앞에서도 강조했듯이 고전(古典)이다. 현대의 베스트셀러가 아님을 명심하자.

NO	나라	저자	제목	주제
1	러시아	도스토옙스키	죄와 벌	죄와 벌
2		톨스토이	부활	양심, 구원, 갱생의 삶
3		솔제니친	이반 데니소비치의 하루	러시아(소련)의 역사, 강제노동
4	독일	레마르크	서부전선 이상 없다	전쟁
5		헤르만 헤세	데미안	인간의 성장
6	프랑스	빅토르 위고	레 미제라블	혁명, 종교, 인간애
7		생떽쥐페리	어린 왕자	존재와 인연
8		카뮈	이방인	현대인의 본질, 방황
9	영국	에밀리 브론테	폭풍의 언덕	가문의 몰락, 진정한 사랑
10		조지 오웰	동물농장	정치, 독재, 지배
11		서머셋 모옴	달과 6펜스	예술
12	미국	존 스타인벡	분노의 포도	미국의 역사, 노동, 빈부격차
13		테네사 윌리엄스	욕망이라는 이름의 전차	현대인의 욕망, 좌절
14		하퍼 리	앵무새 죽이기	흑백갈등, 인종차별
15	중국	루쉰	아Q정전	중국의 근대사, 민중의 삶
16	콜롬비아	G.G 마르케스	백년 동안의 고독	라틴의 역사, 풍습
17	아일랜드	사무엘 베케트	고도를 기다리며	인생론, 갈구, 신과 죽음

아무런 표식이 없는
쓸쓸한 무덤의 주인공은 바로 나

『레 미제라블』(Les Misérables)
빅토르 위고 Victor Marie Hugo
프랑스, 1862년

아, 무정(無情)!

 초등학교 4학년 때 표지가 떨어져 나간 두툼한 동화책 한 권을 며칠 동안 읽으면서 세상 태어나 처음으로 깊은 감명을 받았다. 속표지에 새겨진 제목은 『아, 무정』이었다. 그런데 아이들은 그 책의 제목이 『장발장』이라는 것이었다. 주인공의 이름이 장 발장이었기에 어쩌면 그럴 수도 있겠다는 생각이 들어 논란을 벌이지는 않았다.
 중학교 때 『레 미제라블』(Les Misérables)이 원래 제목임을 알았으나 그 뜻을 정확히 아는 아이는 없었다. 나는 초등학교 때의 기억을 떠올려 '아, 무정(無情)'이라 일러주었고, 아이들은 내가 매우 박식하다며 다들 그렇게 알았다.

  굳이 부기하자면 Misérables은 '비참한, 불쌍한, 불행한, 매우 가난한, 극빈의, 대단히 빈약한, 가치 없는, 하찮은, 초라한'의 뜻이다. 만약 우리나라 작가가 『비참한 사람들』이라는 제목으로 장편소설을 발표했다면 독자들에게 외면 받았을 것이다.

억압받은 인물의 표상 '죄수번호 24601'

아주 오래된 신문기사 하나를 읽어보자.

> 10일 民議院(민의원) 本會議(본회의)에서는 韓國(한국)의 一(일) 民間人(민간인)이 日本(일본) 裁判所(재판소)에 依(의)해서 不當(부당)하게 死刑(사형) 言渡(언도)를 받고 있는 事件(사건)을 外務分科委員會(외무분과위원회)로 하여금 照査(조사)케 할 것을 決定(결정)하였고, 그런데 이날 金OO 議員(의원)이 報告(보고)한 바……朴OO이라는 韓國人(한국인)은 倭政時代(왜정시대)에 徵用(징용)으로 끌려가 北海道(북해도)에서 解放(해방)을 맞이한 후 長崎縣(장기현)에서 居住(거주)하였는데 그때 朴은 야마우라라는 日本人(일본인)이 經營(경영)하는 밭에서 '당근' 하나를 뽑아먹은 事實(사실)이 있었는데 그 후에 가서 야마우라가 被殺(피살)되자 日本(일본) 警察(경찰)에서는 朴씨를 拷問(고문)하여 그로 하여금 殺人强盜罪(살인강도죄)를 虛僞(허위)로 自白(자백)케 하였다.
>
>   — 『동아일보』 1957년 8월 11일

이후의 소식은 알 수 없다. 박○○이 남의 밭에서 당근 하나를 왜 뽑아 먹었는지도 알 수 없다. 몇 가지는 추정 가능하다. 징용으로 끌려갔다면 빈손이었을 것이고, 1945년 광복될 때까지 돈을 모았다 하여도 극히 적었을 것이며, 몹시 가난하게 살았을 것이다. 어쩌면 배가 고파 당근을 뽑아 먹었을 확률이 높다. 그 결과 살인죄로 사형언도를 받았다.

매우 불공정하고 불편부당하고 부조리하다. 장 발장(Jean Valjean)은 이에 비하면 법의 엄격하고 정의로운 심판을 받았다 할 수 있다. 그는 명백히 빵을 훔쳤고, 툴롱(Toulon) 교도소에서 네 번이나 탈옥을 시도하다가 붙잡혔기 때문이다. 19년의 옥살이는 그래서 억울한 사형 언도보다 낫다. 그럼에도 불구하고 죄수번호 24601의 장 발장은 모든 문학작품 속 주인공 중에서 가장 처참하고 억울하게 억압받은 인물의 표상이 되었다.

앙시앵레짐을 기요틴으로 사형시키다

세계 3대 혁명 중 하나인 프랑스 혁명은 그 과정이 몹시 길고, 복잡하며 등장인물도 많다. 1789년 7월 혁명, 1830년 7월 혁명, 1848년 2월 혁명을 아우르지만 1789년의 혁명을 보통 '프랑스 대혁명'이라 칭한다. 영국에 비해 산업적으로 뒤처지던 프랑스는 절대왕권이 지배하던 앙시앵레짐(Ancien Regime: 구체제) 하에서 도시 자본가, 인텔리가 증가하고, 미국의 독립전쟁으로 자유 의식이 퍼져나가고 있었다. 그러나 왕과 귀족계급은 개혁을 거부했고 국민의 98%를 차지하던 평민·농민(제3계급)의 고통은 더욱 심해졌다.

마침내 흉작이 일어난 1789년에 바스티유 감옥을 습격함으로써 혁명의 불길이 타올랐다(덧붙이자면, 바스티유에는 7명의 죄수가 감금되어 있었는데 4명은 경제범, 2명은 정신병자, 1명은 성범죄자였다). 폭력, 기습, 탈취, 처형, 학살, 공포를 동반한 혁명은 2년에 걸쳐 프랑스의 모든 것을 전복시켰다. 기요틴(guillotine)이 프랑스 혁명의 상징이 된 것은 그 방증이라 할 수 있다. 나아가 자유주의와 인권, 시민권력 사상이 주변 국가로 번져나가 전 유럽을 진동시켰다.

"공화국을 위해 흩어지지 말고 단결하라. 자유와 평등, 박애가 아니면 죽음을 달라."

1793년 파리 집정관 회의에서 채택된 표어이다.

그러나 좋은 것이 반드시 좋은 결과만을 맺는 것은 아니다. 프랑스 혁명은 앙시앵레짐을 무너뜨리고 공화정을 세웠으나 나폴레옹이 일으킨 군사 혁명으로 붕괴되었다. 이후 75년 동안 공화정-제국-군주제로 국가 체제가 바뀌면서 왜곡되고 굴곡된 상황이 지속되었다. 그럼에도 프랑스 대혁명이 고귀한 이유는 민주주의와 인권, 평등 의식을 전 세계에 전파했기 때문이다. 또한 정치권력이 왕족과 귀족, 성직자에서 시민·자본가 계급으로 넘어가는, 완전한 신세기를 우리에게 안겨주었기 때문이다.

코제트와 마리우스

청년 마리우스 퐁메르시는 외할아버지 손에서 자랐으며 아버지의 얼굴은 시체가 된 후에야 처음으로 보았다. 마리우스는 외할아버지의 영향으로 왕당파였는데 아버지의 업적을 알고 난 후 공화파로 변신한다.

> 제 아버지는 겸손하고 용감한 분이셨습니다. 공화국과 프랑스를 위해 훌륭히 싸우시고 인류 역사 중에서도 가장 위대한 역사 속의 위인이셨습니다. 그랬는데도 결국에는 잊히고 버림받은 채 돌아가셨습니다. 그리고 그분에게 잘못이 있었다면 단 한 가지, 조국과 저라는 이 배은망덕한 자식을 너무나도 깊이 사랑했다는 것뿐입니다.

그러나 돌아온 것은 꾸중과 비난이었다.

> 이 못된 놈! 네 아비가 어떤 놈인지 난 모른다. 알고 싶지도 않고. 그놈들은 죄다 부랑자고 살인자고 혁명당원이고 도둑놈들이었다!

일면 맞는 말이다. 예나 지금이나 보수주의자들은 혁명당원을 도둑놈 취급한다. 혁명으로 인해 삶의 질이 좋아졌음에도 불구하고! 그 모순을 용납할 수 없는 마리우스는 집을 나와 각고의 노력 끝에 변호사가 되고 뤽상부르 공원의 한적한 오솔길에서 노신사와 소녀를 만난다. 16살 코제트와 20살 마리우스의 슬픈 사랑은 그렇게 시작된다.

올 일은 결국 오고야 마는 것

『레 미제라블』은 1815년이 출발점이며 1862년 6월 봉기를 주 무대로 한다(그러므로『레 미제라블』을 읽기 전에 프랑스혁명의 역사를 먼저 읽어야 한다). 등장인물들은 모두 비참하다. 장 발장을 필두로 버림받은 여직공 팡틴, 그녀의 가엾은 딸 코제트, 코제트를 사육하는 테나르디에 부부, 그녀의 딸 에포닌, 코제트를 사랑하는 마리우스, 장 발장을 추적하는 자베르…… 모두가 비참한 사람들이다. 몇몇은 장 발장을 능가할 정도로 삶이 더 비참하다. 단지 디뉴의 주교 샤를 프랑수아 비앵브뉘 미리엘만이 베푸는 삶을 살았다. 그는 장 발장에게 (이미 훔쳐간) 6개의 은접시 외에 2개의 은촛대를 더 주면서 말한다.

> "잊지 마시오. 절대로 잊지 마시오. 이 은그릇을 정직한 사람이 되는데 쓰겠노라고 약속한 일을 말이오."

팡틴, 코제트, 에포닌은 지금도 세계 곳곳에 존재한다. 어쩌면 인류가 지속되는 한 착취당하고, 착취하는 사람은 영원히 존재할 것이다. 장 발장은 페르 라셰즈 공동묘지 쓸쓸한 한구석에 묻혔다. 당연히 비석은 없으며 커다란 나무 밑에 돌 하나가 있을 뿐이었다. 그 돌도 오랜 세월 곰팡이와 이끼로 더러워졌다. 누군가 연필로 시를 적어놓았으나 비바람에 지워지고 말았다.

> 그가 이곳에 잠들어 있다. 기구한 운명이었네. 그는 살았다. 하지만 자기의 천사를 잃었을 때 그는 죽었다. 올 일은 결국 오고야 마는 것, 낮이 지나면 밤이 찾아오듯이.

그래서 나는 이 책의 제목이 '아, 무정(無情)'이 더 적합하다고 생각한다.

✐ 더 알아두기

1. 『레 미제라블』은 상당히 긴 소설인데 독자의 인내심을 요구한다. 2년 계획을 잡고 읽기 바란다.

2. 빅토르 위고의 또 다른 소설 『노트르담의 꼽추』(The Hunchback of Notre Dame 파리의 노트르담)도 반드시 읽어야 한다. 꼽추 콰지모도의 에스메랄다를 향한 광적 사랑이 흥미롭다.

3. 프랑스 혁명을 배경으로 한 다른 소설은 찰스 디킨스(영국)의 『두 도시 이야기』(A Tale of Two Cities)가 있다.

4. 프랑스 소설은 알베르 카뮈의 『이방인』(L'Étranger), 생떽쥐페리의 『어린 왕자』, 스탕달의 『적과 흑』(Le Rouge et le Noir), 모파상의 『여자의 일생』(Woman's Life), 앙드레 지드의 『좁은 문』(La Porte ETroite) 등이 필독서이다. 누구나 들어보았을 『좁은 문』은 제롬과 알리사의 애틋한 사랑 이야기다.

도무지 알 수 없는
"새는 알을 깨뜨려야 한다"

『데미안』(Demian)
헤르만 헤세 Hermann Hesse
독일, 1919년

문학에도 철과 피가 흐른다

세계 역사에서 독일이라는 나라는 1800년대가 되어서야 겨우 등장한다. 게르만족으로 통칭되는 독일은 복잡한 과정을 거쳐 엘베(Elbe)강 인근에 터를 잡아 주변 국가들과 끊임없는 전쟁을 벌이면서 영토를 확장해갔지만 통일된 국가는 아니었다. 여러 개의 영방(領邦)으로 나누어진 독일을 최초로 통일시키는데 혁혁한 공을 세운 사람은 비스마르크(Otto Eduard Leopold von Bismarck)이다. 1862년 프로이센 총리가 된 그는 취임 연설에서 이렇게 말했다.

"현재의 큰 문제는 언론이나 다수결에 의해서가 아니라 철과 피에 의해 결정된다."

그를 '철혈재상'(鐵血宰相)이라 부르는 이유다. 철과 피는 강인함을 의미한다. 그래서 그런지 독일 민족은 생김새부터 강인해 보이고, 말도 딱딱하다. 프랑스어가 숑, 옹 등의 모음으로 끝나는 것에 비해 독일어는 트, 크로 끝난다. 프랑스가 예술에 강한 것에 비해 독일은 기계에 강하다. 근현대 철학을 완성시킨 나라도 독일이다. 그래서 문학도 딱딱하고, 사색적이고, 어렵다.

또 다른 이유는 우리나라에 독일어 전공자가 갈수록 줄어든다는 점이다. 영어의 힘이 커지면서 대학에서 불문과와 독문과가 서서히 사라지고 있다. 제2 외국어 전공자가 사라지기 시작하면 그 나라 문학작품을 정확히 파악하기 어려울 뿐만 아니라 번역의 매끄러움도 감소된다. 예컨대 1980년에 간행된 독일소설과 2016년에 간행된 똑같은 소설을 비교해보면 옛날 것이 훨씬 더 매끄럽고, 읽기 쉽고, 가독성(可讀性)도 높다(여기에 대해서는 앞에서 설명했다). 그래서 나는 세계명작은 가급적 옛날 판본을 읽으라고 권한다.

우리 모두는 카인의 후예

1944년 6월 프랑스 노르망디에 상륙한 연합군은 독일군과 전투를 치르면서 서서히 나치 점령지를 탈환해 나갔다. 전투가 끝나면 죽은 독일 병사들의 군장을 검사했는데 연합군과 달리 책이 의외로 많이 나왔다. 그중 으뜸은 헤르만 헤세의 『데미안』이었다. 이 이야기는 확인되지 않았지만 어쩌면 그럴 수 있을 것이라 생각한다.

왜 독일 병사들은 전선으로 떠날 때 군장 속에 『데미안』을 넣었을까? 과연 그 책을 다 읽을 수 있으리라 자신했을까? 답은 알 수 없다. '죽은 자는 말이 없기' 때문에…… 어쩌면 헤세의 시 한 구절이 마음에 와 닿았기 때문인지도 모른다.

> 갈증을 느끼며 나는 이제 뜨거운 길을 간다.
> 그러나 내 청춘의 나라는 닫혀 있고,
> 장미들은 담장 너머로
> 내 방랑벽을 비웃듯 고개를 끄덕인다.
>
> — '청춘의 정원' 중에서

그러나 솔직한 느낌으로, 『데미안』의 명확한 뜻을 파악하기는 쉽지 않다. 앞부분, 싱클레어가 10살 무렵에 동네 형 프란츠 크로머에게 괴롭힘을 당하는 과정은 그럭저럭 재미있다. 누구라도 어린 시절에 그러한 아슬아슬한 경험을 한번쯤 겪어보았을 것이다. 그런데 부유한 미망인의 아들이 전학 오면서부터 소설은 철학적으로 '급' 변하기 시작한다. 그 전학생 막스 데미안은 성서(구체적으로는 카인의 이야기)에 대해 정연한 논리를 가지고 있다. 그 논리는 독자에게 지루함을 안겨주면서도 의미 불통이다.

카인(Cain)은 아담과 하와(Ḥawwāh: 보통 '이브'Eve라고 표기한다. 이브는 라틴어이며, 하와는 히브리어이다. 성경은 처음에 히브리어로 기록되었으므로 하와라고 하는 게 맞다고, 전문가들은 주장한다)의 맏아들이다. 동생 아벨(Abel)을 죽인 인류 최초의 살인자이다. 그러므로 아벨은 인류 최초의 시체이다. 다행인지 불행인지 카인은 용서를 받아 인류의 조상이 되었다. 우리 모두가 그의 후예(기독교적 관점에서)라는 말은 한편으로는 인간 모두가 살인자의 DNA를 물려받았다는 뜻이기도 하다.

아브락사스는 무엇?

소설은 특별한 사건도 발생하지 않고, 심리묘사가 주를 이룬다. 우연히 만난 베아트리체라 이름붙인 처녀, 아브락사스의 의미를 안다고 장담하는 피스토리우스, 데미안의 어머니 에바 부인은 무언가 메시지를 주는 것 같은데…… 깨닫기 어렵다.

『데미안』에 감명을 받았다는 사람에게 왜 그러냐고 물으면 80~90%는 "새는 알을 깨고 나온다. 어쩌고 저쩌고 하는 그 문장이 멋있어서"라고 답한다. 그 새가 날아가는 곳이 아브락사스(Abraxas)인데, 그 의미가 무엇인지 아느냐고 또 물으면 80~90%는 "창조주나 그리스 신화 속의 신"이라고 답하거나 "모른다"고 답한다.

사실 몰라도 된다. 하나의 세계를 이루기 위해서는 하나의 세계를 파괴해야 한다는 말만 기억하면 되고, 그 말만 실천하면 된다. 그러나 80~90%의 사람은 기억만 할 뿐 실천은 하지 않는다. 실천하는 10%

만이 진정한 자신의 꿈을 이룬다.

한 설명에 의하면 "헤세는 1916년 5월부터 1917년 11월까지 칼 융(Carl Gustav Jung)의 제자인 정신과 의사 요제프 베른하르트 랑에게 약 72회에 걸쳐 심리분석 치료를 받았다. 그때 헤세는 칼 융의 종교심리학에 강한 영향을 받았는데 칼 융은 아브락사스가 '무한하며, 선악의 어머니'라고 들려주었다. 아브락사스는 선과 악, 신과 악마, 삶과 죽음, 저주와 축복, 참과 거짓, 빛과 어둠 등 양극적인 것을 포괄하는 신성이다"라고 되어 있다.

나를 벗어날 수 있을까

치료 도중에 헤세는 꿈을 꾸었다. 제1차 세계대전 기간인 1917년 9월 어느 날, 낯선 도시에서 술에 취한 데미안에게 공격을 받았다. 헤세는 그 뜬금없는 괴한을 이길 수 있으리라 생각했지만 싸움에 지고 서류가방을 빼앗겼다. 데미안은 가방을 가져가면서 "이것을 패배의 전리품으로 생각하라"고 소리쳤다, 한다.

재미는 있지만, 무슨 의미인지 선뜻 와 닿지 않는다. 전리품은 승리자가 얻는 것인데, '패배의 전리품'은 도대체 무엇이란 말인가? 열심히 알을 깨부순 새(원전에 충실한 번역에 따르면 '알 속에서 투쟁한 새')가 왜 아브락사스에게 날아가는지도 파악하기 어렵다. 어쩌면 그 어려움이 이 책의 묘미일 것이다.

만일 징집되어 내일 전선으로 떠나야 하고, 한 권의 책만 가져갈 수 있다면 어떤 책을 선택할 것인가? 다시는 돌아오지 못할 수 있는 상황에서 생애 마지막으로 읽고 싶은 책은 무엇인가? 독일 청년들이 『데미안』을 선택한 이유는 현 세계를 깨부수고 새로운 세상을 만들고 싶은 욕망의 발현이었을 것이다. 그러나 나는 이 책을 가져가고 싶지 않다.

전 세계적으로 적어도 수억 명 이상이 이 책을 읽었고, 수만 명 이상이 작품에 대해 분석하고 작가의 의도를 들려주지만 나는 이 작품이 무엇을 말하고자 하는 것인지 아직까지 깨닫지 못했다. 단 하나, 나를 벗어나야 진정한 내가 될 수 있다는 깨달음 외에…… 그래서 내일이나 모레, 마음을 가다듬고 또 한 번 읽을 작정이다.

더 알아두기

1. 『데미안』은 처음에 에밀 싱클레어라는 이름으로 발표되어 작가에 대한 궁금증을 불러일으켰다.

2. 이 작품을 읽기 전에 『성경』을 먼저 읽어라. 시간이 부족하다면 『구약』만이라도 읽기 바란다.

3. 헤세는 『유리알 유희』(Das Glasperlenspiel), 『수레바퀴 아래서』

(Unterm Rad: 지금은 '수레바퀴 밑에서'), 『싯다르타』(Siddhartha) 등의 소설이 유명한데, 읽기는 쉽지 않다. 『데미안』 한 편만 제대로 읽어도 된다.

4. 헤세의 시 중에서 우리에게 가장 익숙한 것은 '아름다운 여인'이다.

> 장난감을 받고서
> 그것을 바라보고 얼싸안고서, 기어이 부셔 버리고
> 내일이면 벌써 그를 준 사람조차 잊고 있는 아이와 같이
> 당신은 내가 드린 내 마음을
> 고운 장난감 같이 조그만 손으로 장난을 하며
> 내 마음이 고뇌에 떠는 것을 돌보지도 않습니다.

5. 독일문학은 『니벨룽겐의 노래』(The Song of the Nibelungs)를 독서의 출발점으로 볼 수 있으며, 괴테가 등장해 세계적인 문학 대국으로 끌어올렸다. 『젊은 베르테르의 슬픔』(The Sorrows of Young Werther 이 소설에 등장하는 여주인공 샤를 로테 Charlotte가 오늘날 롯데그룹의 이름이 되었다), 카프카의 『변신』(Die Verwandlung), 귄터 그라스의 『양철북』(Die Blechtrommel), 토마스 만의 『선택된 인간』(Der Erwählte), 미하일 엔데의 『모모』(Momo) 등이 필독서이다.

:: 모모는 프랑스 작가 로맹 가리(Romain Gary = 에밀 아자르)의 『자기 앞

의 생』의 주인공이기도 하다. 가끔 두 소설을 혼동하는 사람이 있는데 완전히 다른 인물이다.

6. 독일의 소설 중에서 사랑을 그린 작품은 매우 드물다. 막스 뮐러(Friedrich Max Müller 독일 출신의 영국 철학자이자 동양학자)의 『독일인의 사랑』이 대표적이라 할 수 있다. 심장병에 걸린 마리아와 나의 사랑을 8개의 회상으로 그린 명작이다.

7. 베아트리체(Beatrice)는 단테의 『신곡』(Divina Commedia, 神曲)의 등장인물이기도 하다.

국민이 개·돼지가 될 수 있음을
일찌감치 예언하다

『동물농장』(Animal Farm)
조지 오웰 George Orwell
영국, 1945년

누가 누가 더 많이, 그리고 잔인하게

인류 역사상 '최악의 살인마' 순위는 명확하지 않다. 너무 많은 사람을 죽여 그 숫자를 정확히 헤아리기 어렵고, 어떤 사람(사건)은 너무 오래되어 기록이 부정확하기 때문이다. 그들 모두 대학살로 명성을 날리고 있음에도 그 자신이 직접 죽인 사람은 한 명도 없다는 희한한 공통점도 있다.

관점에 따라 순위는 다르지만 대략 도조 히데키(일), 칭기즈 칸(몽골), 폴 포트(캄보디아), 이디 아민(우간다), 레오폴드 2세(벨기에 국왕), 도르곤(명말청초의 섭정왕), 서태후(청), 히틀러(독), 쿠빌라이 칸(원), 스탈린(소), 마오쩌둥(중) 등이다. 서양인보다 동양인이 4:7로 많은 사실이 의외이며, 권력과 부·천수를 누린 사람 역시 4:7로 많다는 사실이 살아있는 '착한' 우리를 슬프게 한다.

현대의 3대 학살자인 히틀러는 1,700만, 스탈린은 2,300만, 마오쩌둥은 7,800만 명을 학살(혹은 죽음에 이르게) 했다고 전해진다. 권력을 잡기 위해 죽인 사람의 숫자보다 권력을 유지하기 위해 죽인 사람이 절대적으로 더 많다. 그런 만큼 세 명의 독재자는 역사에 길이 남을 연설 문구(혹은 명언)를 쏠쏠히 남겼다.

"진실한 국가적 지도자의 능력은 주로 국민의 주의력을 분산하지 않게끔 막는 데 있으며, 그것을 하나의 적에 집중시키는 데 있다." - 히틀러

"권력은 총구에서 나온다." - 마오쩌둥

가장 많은 격언을 남긴 사람은 스탈린이다.

"표를 던지는 사람은 아무것도 결정하지 못한다. 표를 세는 사람이 모든 것을 결정한다."

우리에게 가장 잘 알려진 격언은 바로 이것이다.

"한 명의 죽음은 비극이요, 백만 명의 죽음은 통계이다."

'이상향'과 '집단농장'의 거리는 멀고도 가깝다

영국의 토마스 모어는 1516년 『유토피아』라는 공상소설을 발표했

다. Utopia는 원래 '아무 곳에도 없는 나라'라는 뜻인데 이 소설을 계기로 '이상향(理想鄕)'의 뜻으로 굳어졌다. 이는 문학적인 용어일 뿐 정치적으로 번역하면 '집단농장'이 된다. 모어는 공평하고 공정한 사회를 만들자는 긍정적 의미에서 『유토피아』를 집필했으나 사회주의 사상의 출발점이 되었다. 그 후 캄파넬라(Tommasso Campanella)-바뵈프(Franois Emile Babeuf)-부오나로티(Filippo Michele Buonarrotti)-블랑키(Louis-Auguste Blanqui)-로버트 오언(Robert Owen)-생시몽(Saint Simon)으로 이어졌다. 오언은 실제로 1880년대에 미국 인디애나 주 서남부에 뉴하모니(New Harmony)라는 공동체 마을(유토피아)을 건설했으나 실패했다.

그러나 이상향을 만들겠다는 정치 지도자들의 욕구는 매우 강한 것이어서 오언의 실패 이후에도 유토피아는 계속 나타났다. 마르크스·엥겔스의 『공산당 선언』을 계승한 레닌과 그의 후계자가 된 스탈린에 의해 1920년대에 집단농장의 형태로 구체화되었다. 바로 콜호츠(kolkhoz)와 소프호스(sovkhoz)이다. 중국에서는 '인민공사(人民公社)'가, 북한에서는 '협동농장'이 만들어졌다. 집단농장이나 공동체가 꼭 공산주의 국가에만 있는 것은 아니다. 이스라엘에도 '키부츠(Kibbutz)'가 세워졌다.

표방하는 구호가 무엇이든 집단농장에서 일하는 사람들이 행복하지 않을 것임은 분명하며, 그곳에서 인간에 의해 사육되는 소, 돼지, 말 역시 행복하지 않을 것이다. 아무리 열심히 일해도 늘 배가 고프고, 행복과는 거리가 멀며, 미래가 보이지 않는다는 것이 확실하면 사람들은 어떻게 할까? 반란을 일으킬 것이다. 이는 동물들에게도 마찬가지다.

모든 동물은 평등할까?

나폴레옹은 돼지이다. 그리고 두목이다. 반란을 성공시킨 뒤 동료 돼지들과 협의하여 『동물주의 원칙 7계명』을 완성하여 발표한다.

1. 두 다리로 걷는 자는 누구든지 적이다.
2. 네 다리로 걷거나 날개를 가진 자는 모두 우리의 친구다.
3. 어떤 동물도 옷을 입어서는 안 된다.
4. 어떤 동물도 침대에서 자서는 안 된다.
5. 어떤 동물도 술을 마셔서는 안 된다.
6. 어떤 동물도 다른 동물을 죽여서는 안 된다.
7. 모든 동물은 평등하다.

농장의 모든 동물들은 이 계명에 찬성한다. 이를 인간에게 변형, 적용시킨다 하여도 반대할 사람은 아무도 없을 것이다. 하물며 동물들이 반대할 이유가 있겠는가? 동물들은 신이 나서 건초밭으로 달려가 일을 하려 한다(동물농장의 본업은 '노동'이다). 바로 그때 암소 3마리가 퉁퉁 불은 젖을 짜달라고 요청한다. 사람들이 모두 쫓겨나 젖을 짜지 않았기 때문이었다. 돼지들은 즉시 젖을 다섯 양동이나 짰다. 누군가 물었다.

"그 우유를 어떻게 하려 합니까?"

나폴레옹이 대답한다.

"그것은 잘 처리될 것이오…… 동무들! 앞으로 가시오. 건초가 기다리고 있소."

과연 우유 다섯 양동이는 어떻게 처리되었을까?

아무도 묻지 않는다. 잔인한 인간 존스에 의해 운영되던『매너 농장』이 위대한 지도자 나폴레옹의 투쟁 덕분에『동물농장』으로 이름이 바뀌고 자신들이 주인으로 탈바꿈했기 때문이었다. 개 블루벨·제시·핀처, 숫말 복서, 암말 클러보·몰리, 흰 염소 뮤리엘, 당나귀 벤자민, 까마귀 모제스…… 그리고 고양이, 오리들, 쥐들 모두 공평하고 행복한 삶을 이어간다. 기껏해야 다섯 양동이에 불과한 우유의 행방을 따지지 않는다. 모두 예전보다 조금씩 덜 먹고, 더 일하지만 인간에 의해 착취를 받지 않기 때문에 모두가 만족한다. 그리하여 즐거운 노래가 농장에 가득 울려 퍼진다.

풍요한 영국의 들판에는
오직 동물들만 활보하리라.
코에서는 굴레가 사라지고
등에서는 멍에가 벗겨지리라
재갈과 박차는 영원히 녹슬고

무자비한 채찍은 이제 더 이상 소리내지 못하리라.
과연 언제까지 그 노래가 울려 퍼질까?
아직도 계속되는 '위대한 통치자'에 대한 환상

과연 언제까지 그 노래가 울려 퍼질까?

아직도 계속되는 '위대한 통치자'에 대한 환상

『동물농장』은 1945년에 발표되었다. 이 소설은 정치소설이면서 풍자소설이고, 한편으로는 코미디이다. 상황 전개와 대사가 무척 유머스러워 갑작스레 폭소가 나온다. 웃음이 터지는 가장 큰 이유는 결말로 갈수록 내가 사는 세상과 똑같기 때문이다. 72년이 지났음에도 소설 속의 내용은 지금도 그대로 재현되고 있다. 그래서 폭소(너털웃음)는 실소(서글픈 웃음)로 변한다.

『동물농장』은 우리 삶의 축소판이자 지구촌 거의 대부분 나라의 실사판이다. 스탈린을 풍자했다 하여 옛 소련만을 비판한 작품이라 생각한다면 착각이다. 위대하신 통치자에 의한 동물농장은 지금도 진행 중이다. "한국은 그렇지 않다"라고 말할 수 있을까?

"한 나라를 발전시키기 위해서는 어느 정도의 독재가 필요하다"는 주장은 언제까지 유효할 수 있을까?

"경제발전을 위해서는 민주와 자유가 일부분 제한되어야 한다"는 말을 우리는 순순히 받아들여야 할까?

'그렇다'는 답이 많을수록 우리는 동물농장의 개·돼지로 추락한다. 나폴레옹은 죽지 않았다. 단지 어둠 속을 배회할 뿐이다. 지도자에 대한 환상을 깨지 않는 이상 나폴레옹은 다시 화려하게 부활할 것이다. 『동물농장』은 그 메시지를 주는 경고소설이다.

더 알아두기

1. 조지 오웰의 본명은 에릭 아서 블레어(Eric Arthur Blair)이다. 보기 드물게 파란만장한 삶을 살았으며 1950년 47세의 이른 나이에 결핵으로 사망했다. 또 다른 대표작 『1984』는 '빅브라더'(Big Brother)의 존재를 들려주는 소설이다.

2. 영국 소설로 반드시 읽어야 할 작품은 서머셋 모옴의 『달과 6펜스』(The Moon and Six pence 예술), 토마스 하디의 『테스』(Tess of the d'Urbervilles 사랑), 에밀리 브론테의 『폭풍의 언덕』(사랑과 몰락), 올더스 헉슬리의 『멋진 신세계』(Brave New World 가상의 미래)이다. J.R.R. 톨킨의 『반지전쟁』은 20세기 최고의 소설로 뽑혔으나 가독성(可讀性)은 매우 어렵다.

3. 동물이 주인공인 소설로는 잭 런던(Jack London, 미국)의 『황야의

절규』(The Call of the Wild)가 유명하다. 유대인 학살을 다룬 아트 슈피겔만(Art Spiegelman, 스웨덴)의 만화 『쥐』(The Complete Maus)도 걸작이다. 유대인은 쥐로, 독일군은 돼지로 묘사되었다.

:: 한스 할터의 『유언』에 따르면 러시아 혁명가 레닌(Vladimir Il'ich Lenin)은 뇌일혈 발작으로 병원에 입원해 있다가 1924년 사망했는데 마지막 유언은 "잭 런던의 이야기를 더 읽어 주시오"였다.

자본주의의 잔인한 갈퀴는
그대를 빗겨가지 않는다

『분노의 포도』(The Grapes of Wrath)
존 스타인벡 John Ernest Steinbeck
미국, 1939년

루트 66의 기나긴 행렬

미국의 루트 66(Route 66)은 동부 일리노이 주 시카고에서 출발해 태평양이 내려다보이는 캘리포니아 주 로스앤젤레스 산타모니카 절벽 앞에서 끝난다. 총 길이 2,451마일(3,945km)의 이 길은 미국 최초의 대륙횡단 도로로 미국의 발전에 엄청난 역할을 했으나 현재는 Historic 66으로만 존재한다.

1930년대 어느 날부터 이 길은 갑자기 트럭 행렬이 끊이지 않았다. 오클라호마주 샐리소(Sallisaw)를 출발한 트럭 한 대도 하루 종일을 힘겹게 달려 페이든(Paden)에 이르렀다. 먼지 날리는 길가의 통나무집에서 기름을 파는 사내는 "휘발유를 사면 물을 마음껏 마시게 해주겠다"고 제안했다. 그리고 현재 벌어지고 있는 상황에 대해 논평했다.

> (하루에) 50대에서 60대의 차가 매일같이 이리로 지나가는데, 애들과 세간들을 몽땅 싣고 모두 서부로만 몰려가니 그 사람들이 다 어디로 가며, 또 가서는 무얼 하려는 건지.

기름값이 없는 사람은 물물교환을 한다.

> 어떤 사람은 자기네 애들 인형을 주면서 휘발유 한 갈론을 가져갔어요. 그러니 나는 그런 물건을 가지고 무얼 한단 말이오? 또 어떤 친구는 신고 있던 구두를 벗어주면서 휘발유 한 갈론을 달라지 않겠소?

짐작하다시피 그의 창고에는 그렇게 받은 물건들이 산더미처럼 쌓여 있다. 전부 쓰레기들이다. 불행한 것은 그러한 쓰레기들은 더욱 늘어날 것이라는 예측이다.

은행이라는 괴물을 이기지 못한 사람들

66번 도로를 질주하는 트럭에 탄 사람들은 전부 가족이고, 농부들이다. 그들이 농토를 떠나 서부로 가는 이유는 간단하다. 할아버지의

할아버지 시절부터 농사를 지어왔던 땅이 갈수록 메말라가고 가공할 흙먼지가 사시사철 불어와 옥수수밭을 황폐화 시켰다. 아버지는 어쩔 수 없이 은행에 땅을 저당 잡히고 돈을 빌렸다. 그 돈을 갚을 방법은 세상 어디에도 없었고, 은행은 법적 절차에 따라 땅을 몰수했으며, 대지주가 그 땅을 매입했다. 오클라호마의 농민 모두가 오갈 데 없는 신세가 되었다.

거지로 전락한 농민은 조상대대로 물려받은 땅을 빼앗긴 분노를 이기지 못해 그 원수에게 총을 쏘려 한다. 50년 동안 하루도 쉬지 않고 땅을 일구고, 도랑을 파고, 옥수수를 심고, 거름을 주고, 목화를 재배하고, 소와 돼지를 키웠으나 그 모든 것들이 단 한 장의 은행서류에 의해 증발해 버렸다. 분통이 터진다. 그 원수를 죽여야 한다.

과연 누구를 쏘아야 할까? 은행원을 쏘아야 할까? 은행장을 쏘아야 할까? 아니면 대지주를 쏘아야 할까? 그런다 한들 빼앗긴 땅을 되찾을 수 있을까?

남은 방법은 하나이다. 샐리소 읍내의 모든 벽에 붙어 있는 현란한 전단지를 믿는 것이다. '오렌지 수확 인부 대모집, 포도 수확 인부 대모집, 숙식 보장, 가족 환영, 초보자 환영, 친절과 믿음, 최고 일당 보장' 그 전단지 하나를 믿고 온 가족이 서부 캘리포니아로 떠난다.

그 전단지들은 80년이 흐른 지금도 우리의 삶에서 우리를 매일 유혹하고 있다. '믿고 쓰는 일수', '아파트 담보 대출, 친절한 상담', '투자 가치 100%'…… 진실이 아닌 줄 알면서도 전단지에 적힌 전화번호를 누르는 이유는 삶이 막다른 길에 내몰렸기 때문이다.

왜인지 잘될 것만 같은 불편한 생각

조드 가족이 떠나기 며칠 전, 아들 톰 조드가 기적적으로 집으로 돌아왔다. 4년 만이다. 삽으로 사람을 때려죽인 죄로 7년 형을 언도받았으나 모범수로 가석방되었다. 출소할 때 맥 알레스터 교도소에서 새 구두와 새 옷, 모자도 주었다. 그러나 전혀 기쁘지 않다. 집이 망해가고 있기 때문이었다. 그 거대한 파도를 이겨낼 사람은 아무도 없었다.

아버지는 꼭 필요한 것만 남기고 모든 가재도구를 시장에 내다 팔았다. 말 두 마리와 마차, 온갖 살림살이를 팔았음에도 손에 쥔 돈은 18달러였다. 거기에 그동안 모은 150달러와 톰이 가진 2달러를 합하면 현금은 170달러이다. 그 돈이면 충분하다. 그 믿음을 안고 모든 식구가 트럭에 오른다.

가석방 규정을 어겨야 하는 톰 조드, 아버지, 어머니, 할아버지, 할머니, 존 삼촌, 형 노아, 남동생 앨, 여동생 로자샤안, 그 남편 코니, 여동생 루시, 남동생 윈필드, 떠돌이 케이시 목사, 사람만 13명이다. 거기에 셰퍼드가 두 마리 있다. 그들을 버리고 갈 수는 없다. 그래서 도합 15 생명체이다. 돼지는 싣고 갈 수 없어서 전날 잡아먹었다. 출발하는 날 개 한 마리는 실종되어 트럭에 올라탄 생명체는 14가 되었다. 어머니는 낙관적이었다.

"왜 그런지 캘리포니아에 가면 모든 것이 잘될 것만 같은 생각이 자꾸 드는구나."

정말 그럴까?

내쫓김의 모순과 자본주의의 참모습

미국은 철저한 자본주의 국가이다. 오늘날 몇몇 나라를 제외하고 자본주의는 전 세계와 전 인류를 지배하고 있다. 그러나 엄격한 의미에서의 자본주의를 지키고 있는 나라는 드물다. 어쩌면 미국이 유일하다 할 수 있다. 미국에 가보면 이 말의 의미를 알 수 있다.

> 진짜 배가 고플 때는 별로 없어요. 다만 차(트럭)를 달리는 것이 신물 나서 잠깐 머무는 것뿐이오. 간이휴게소 같은 곳이 차를 멈출 수 있는 유일한 곳이오. 차를 세워놓고 들어가면 무언가 주문을 해야 카운터 뒤에 있는 아가씨와 허튼 말수작이라도 두어 마디 해볼 거 아니겠소

음식을 시키지 않으면 아가씨와 이야기를 나누는 것은 불가능하다. 즉 돈이 있어야 한다

> 누구든지 농사를 지어먹고 살고, 또 세금만 제대로 낼 수 있으면 계속 갈아먹으라는 것이었다. 누구든지 그렇게 할 수만 있으면 하라는 것이었다.

그러나 세금을 내지 않거나 은행이자를 갚지 않으면 모든 것이 몰수된다. 이는 어느 나라나 똑같지만 미국은 무자비하다. 땅을 빼앗기지 않으려면 "제기랄! 전쟁이나 자꾸 일어나라. 그래서 목화값이 천장만큼만 올라가라"고 기도한다. 실제 미국은 자국의 군비산업을 부

흥(혹은 유지) 시키기 위해 세계의 모든 전쟁에 참여한다.

이 소설은 그러한 미국의 무자비한 자본주의를 보여준다. 또한 미국 역사의 모순도 적나라하게 나타난다. 오클라호마 농민들은 은행과 대지주의 횡포에 의해 고향에서 추방된다. 그 과정은 극히 분노스럽고 비참하지만 "할아버지가 처음에 이 땅을 갈기 시작했었다. 인디언들을 죽이고 쫓아냈던 것이다"에 대해서는 아무런 반성이 없다. 자신들이 쫓겨나는 것만 억울할 뿐 자신의 선조가 죽인 인디언들은 그 죽음과 내쫓김이 당연하다고 생각한다. 철저한 모순이다.

이 소설을 통해 1930년대의 경제 대공황, 농업의 중요성, 노동의 의미와 가치, 부익부 빈익빈, 인간성의 상실, 가족의 소중함 등을 논하고 싶지는 않다. 그런 것들은 다 말장난이다. 내가 찾아낸 것은 자본주의의 참모습이었다. 과연 자본주의는 인간의 얼굴을 할 수 있을까? 그렇기는 어려울 것이다.

더 알아두기

1. 건포도는 다양한 비타민과 미네랄을 함유하고 있으며 특히 철분이 풍부하다. 빵을 비롯한 여러 음식에 사용된다. 전 세계 건포도 소비량의 약 50%는 캘리포니아에서 생산된다.

2. '루트66'은 1925년에 시작되어 1932년 무렵 완전하게 건설되었

다. 농업 중심의 남부를 북부의 산업도시뿐 아니라 캘리포니아의 '햇살 머금은' 도시들과 연결시켜 주었다고 설명되어 있지만, 스타인벡은 루트66을 매우 비관적으로 묘사했다. 냇킹콜(Nat King Cole)의 노래에도 'Route 66'이 있다.

3. 스타인벡은 1902년 캘리포니아에서 출생했다. 신문기자와 작가를 거쳐 오클라호마에서 이주민들과 함께 서부로 가는 체험을 직접 했다. 그 체험을 담은 소설이 『분노의 포도』이다. 캘리포니아, 오클라호마 두 주에서 금서(禁書) 판정을 받았다.

4. "아무리 농사를 지어봤자 별 볼일 없어요. 당신도 빨리 아무데나 가서 일당 3달러짜리 일을 찾아보세요. 그 수밖에 없을 거예요"라는 말은 농업의 미래에 대한 경고이다.

5. 미국 사회를 가늠할 수 있는 소설로는 스콧 피츠제럴드의 『위대한 개츠비』(The Great Gatsby), 아서 밀러의 『세일즈맨의 죽음』(Death of a Salesman), T.윌리엄스의 『욕망이라는 이름의 전차』(A Streetcar Named Desire), D.드라이저의 『아메리카의 비극』(American Tragedy, 일명 '젊은이의 양지')이 있다. 덧붙여 마크 트웨인의 『톰 소여의 모험』(The Adventures of Tom Sawyer)을 읽으면 미국 문학은 정리된다. 조금 더 시간이 있다면 어윈 쇼의 『야망의 계절』(Rich Man, Poor Man)도 독서 목록에 추가하기 바란다.

6. 미국의 '성애 소설'로는 나보코프(Vladimir Nabokov)의 『롤리타』(Lolita), 헨리 밀러(Henry Miller)의 『북회귀선』(Tropic of Cancer)을 꼽을 수 있다.

7. 헤밍웨이에 대해서는 의견이 분분하다. 명작가임은 분명하지만 소설이 어렵고, 지루하다. 단편소설집 『킬리만자로의 눈』을 권한다. 조용필의 노래 '킬리만자로의 표범'은 이 소설에 바탕을 두고 있으며 양인자가 작사했다.

1명의 죽음은
특별한 뉴스가 아니다

『서부전선 이상 없다』(Im Westen Nichts Neues)
에리히 레마르크 Erich Maria Remarque
독일, 1929년

2100년 전의 전술을 모방하다

 알프레트 폰 슐리펜(Alfred Graf von Schlieffen)은 독일의 장군이다. 그는 부족한 병력으로 우세한 적을 포위하여 전멸시키는 것을 전략·전술의 이상으로 삼았다. 그가 모방한 사례가 칸나이 전투(Battle of Cannae)이다. BC 216년 카르타고의 명장 한니발(Hannibal)은 이탈리아 남쪽 칸나이에서 5만의 군사로 8만의 로마군과 전투를 벌여 승리를 거두었다. 로마군이 7만 명의 전사자를 낸 것에 비해 카르타고의 전사자는 6천 명에 불과했다. 슐리펜은 이를 현대전에 응용해 독일이 제1차 세계대전에서 승리할 수 있다고 확신했다.

그의 이름을 딴 슐리펜 작전(Schlieffen Plan)은 러시아와 프랑스와의 양면 전쟁에서 독일이 승리하기 위한 방법을 제시한 것이었다. 즉 1) 러시아는 개전 후부터 전병력을 동원할 때까지 6~8주가 소요되므로 소수 병력만을 보내고, 2)그동안에 모든 병력을 서부국경에 집중시키며, 3)벨기에를 침범하여 프랑스 북부로 들어가 프랑스 주력군을 동부로 몰아넣고 전멸시킨다. 4)이처럼 서쪽을 안전하게 해결한 다음 러시아와 본격적으로 싸운다는 작전이었다.

이론적으로는 그럴 듯했지만 영국을 방어하는 전략이 없었으며, 총력전을 치를 준비도 부족했고, 미국 등 여러 나라가 참전해 결국 실패로 돌아갔다. 1914년에 2100년 전의 전술을 모방한 것은 어리석은 전법이 아닐 수 없다.

새로운 것은 아무것도 없다

제1차 세계대전은 1914년 6월 세르비아 청년이 쏜 총알이 오스트리아 황태자 부부를 죽이면서 시작되었다. 독일·오스트리아를 중심으로 한 동맹국과 영국·프랑스·러시아 연합국으로 나뉘어 처음에는 유럽의 전쟁이었으나 미국, 일본, 호주, 뉴질랜드, 인도 등이 뛰어들어 역사상 최초로 세계전쟁이 되었다. 이는 세계를 움켜쥐려는 독일과 영국의 대립, 알자스로렌 땅을 둘러싼 독일과 프랑스의 반목, 발칸반도에서의 러시아와 오스트리아의 충돌 등이 원인이라 할 수 있다.

그리하여 서부에서는 스위스 국경에서 북부 프랑스를 거쳐 벨기에 해안까지 뻗은 전선이 형성되었고, 동부에서는 발트해 리가만에서 흑해로 이어지는 전선이 만들어져 지루한 교착 상태에 들어갔다. 흔히 말하는 서부전선은 독일과 프랑스의 대결이다. 독일은 슐리펜 작전에 따라 벨기에를 돌파해 프랑스에 침범했으나 마른 전투에서 패하자 일단 진격을 멈추었다. 겨울이 되자 독일군과 프랑스군은 참호를 깊고 길게 판 다음 그 안에 웅크리고 앉아 서로를 마주보면서 장기전으로 들어갔다. 이른바 참호전에 돌입한 것이다.

이가 수백 마리나 있다면 한 마리씩 죽이는 게 퍽이나 성가신 일일 것이다. 이 녀석은 좀 단단해서 손톱으로 꾹꾹 눌러 죽이려면 시간이 한없이 걸려 지겹기 짝이 없다. 그래서 구두약통의 뚜껑을 철사로 묶어 불타는 양초 위에 올려놓았다. 이 통에 이를 집어넣어 탁, 튀는 소리가 나면 죄다 끝장이 난다.

적을 사살시키는 과제보다 이를 잡아 죽이는 과제가 더 중요하고 긴박하다. 특별한 공격도 없고, 특별한 방어도 없었기에 승패가 존재하지 않았고, 대규모 사상자도 없었으며, 특이한 징후도 없었다. 그래서 전선 사령부는 거의 매일 'Im Westen Nichts Neues'라는 전문을 군 본영에 보냈고, 군 본영은 그 전문을 받아 언론에 배포했다. 신문은 그것을 받아 'Im Westen Nichts Neues'라 보도했다.

Nichts는 '아무것도 없다'는 뜻이고, Neues는 '새로운'이라는 의미다. 즉 "서부전선에 새로운 것은 아무것도 없다", 즉 "서부전선 이상 없다"는 뜻이다. 레마르크는 이 제목을 사용해 전쟁 소설을 집필해 일약 세계적 작가로 발돋움했다. Im Westen Nichts Neues는 영어로 All Quiet On the Western이라 번역되었다.

전쟁만이 기술을 발전시키는 것은 아니다

제2차 세계대전을 그린 영화는 무수히 많다. 《진주만》, 《미드웨이 해전》, 《도라도라도라》, 《라이언 일병 구하기》, 《새벽의 7인》 등등…… 감추어진 작품까지 찾아낸다면 100편이 넘을 것이다. 그러나 제1차 세계대전 영화는 드물다. 『서부전선 이상없다』, 『갈리폴리』가 대표작이며 『아라비아의 로렌스』를 꼽기도 하는데 이 책은 유럽의 전쟁보다는 중동의 역사, 풍습에 초점이 맞추어져 있다.

그 이유는 제1차 세계대전이 제2차 세계대전보다 더 멀고, 당시 풍광과 상황을 재현하는 일이 더 어렵고, 극적 재미가 떨어지기 때문이리라. 그러나 제1차 세계대전은 제2차 세계대전 못지않게 중요한 역사적 의미가 있다. 각 국가들의 세계적 연관이 밀접하고 폭넓게 확대된 것이 첫 번째이다.

여기에 덧붙여 영국의 역사 교수 피터 심킨스(Peter Simkins)는 『제1차 세계대전: 모든 전쟁을 끝내기 위한 전쟁』에서 여성의 노동시대를 열었으며, 그 결과 남녀평등의 시대가 시작되었고, 획기적인 기술 진보를 이루었으며, 지구상에 처음으로 공산주의 국가의 출현을 가져왔다고 분석했다.

  전쟁이 과학과 기술, 인적·물적 교류를 획기적으로 발전시키는 것은 분명하다. 두 번의 세계대전이 없었다면 인류는 지금도 칼과 창으로 싸우고 있을지도 모른다. 그러나 꼭 그 방법만이 절대적인 것은 아니다. 전쟁이 아니더라도 얼마든지 기술을 발전시킬 수 있고 신세계를 열 수 있다. 헨리 포드나 스티브 잡스가 대표적이다. 전쟁에서 죽은 무수히 많은 청년들 중에는 만일 살았더라면 스티브 잡스를 능가하는 창조성을 발휘한 천재가 있었을 것이다. 그러나 역사는 그런 행운을 주지 않는다.

책들을 다시 만날 수 있을까

  학도병(學徒兵)은 학업을 중단하고 전쟁에 참여하는 고등학생 이하의 병사를 일컫는다. 전쟁이 길어지고 참혹해질수록 학도병이 증가한다. 한국전쟁에 참여한 학도병은 '학도의용군(學徒義勇軍)'이라 일컫고, 일제 강점기에 강제 징집된 한국 학생은 '학병(學兵)'이라 말한다. 고려대 총장을 지낸 김준엽은 학병으로 끌려갔으나 일본군을 탈출하여 중국에서 독립운동에 헌신한 업적을 지니고 있다. 그의 회고록 「장정」(長征)은 그 과정을 담은 책이다.

  파울 보이머는 담임선생 칸토레크의 설득으로 학업을 중단하고 19

세에 학도병이 된다. 반 친구들인 알레르토 크로프, 뮐러 5세, 레이도 동반 입대한다. 뮐러는 교과서를 끼고 다니면서 참호 속에서 물리를 공부한다. 전쟁이 끝나면 다시 학교로 돌아가야 하기 때문이었다. 이 마음은 보이머도 똑같다. 휴가를 얻어 집으로 돌아갔을 때 자기 방에서 넋두리를 한다.

> 책들은 책꽂이에 가지런하게 꽂혀 있다. 나는 이 책들을 아직 잘 알고 있으며 그 책들을 어떻게 배열했는지도 기억이 난다. 나는 두 눈으로 책들에게 간절히 부탁한다. "나에게 말을 걸어다오. 나의 마음을 받아들여다오."

과연 보이머는 다시 책들을 만날 수 있을까? 뮐러 5세는 물리학을 계속 공부할 수 있을까? 서부전선에 이상이 없다면 그들의 생명도 이상이 없다는 뜻 아닐까?

그러나 전쟁은 낭만이 아니다. 전쟁영화에 감초처럼 등장하는 금발의 아리따운 적국 여자와의 아슬아슬한 사랑이나 간호장교와의 로맨스는 완전한 허구에 불과하다. 제1차 세계대전은 독일이 1918년 11월 11일 연합국과 휴전을 맺으면서 종결되었다. 전사자는 9백만 명이다. 4년 동안 하루에 6,200명씩 사망한 것이다. 그 6,200명에 끼지 않으려 발버둥을 쳐야 한다. 그래야 서부전선이 이상 없으며, "나의 안녕도 이상이 없다."

🖐 더 알아두기

1. 레마르크는 제2차 세계대전을 배경으로 또 다른 전쟁소설『개선문』(Arc de Triomphe)을 썼다. 이 작품이 더 잘 알려져 있지만『서부전선 이상없다』가 더 뛰어나다.

2. 전쟁소설은 노만 메일러(Norman Mailer)의 『나자와 사자』(The Naked and the Dead), 고미카와 준페이(伍味川純平)의 『인간의 조건』이 걸작이다. 윈스턴 처칠은 『제2차 세계대전』을 집필해 1953년 노벨문학상을 받았다. 역대 노벨문학상 수상 작가 가운데 가장 의외의 인물이다. 이 책은 처음에 6권으로 간행되었으나 지금은 2권으로 편집되었다. 제2차 세계대전의 처음과 끝을 알 수 있는 역작이다.

3. 헤밍웨이의『누구를 위하여 종은 울리나』는 스페인 내전, 미하일 숄로호프의『고요한 돈강』(And Quiet Flows The Don)은 러시아 백군 대 적군의 대결을 그렸다. 톨스토이의『전쟁과 평화』(War and Peace)는 나폴레옹 침공에 저항하는 러시아의 모습을 그린 대하소설이다. 두 책은 극히 어렵다(읽다가 포기했다). 한국 작품으로는 베트남전을 리얼하게 묘사한 박영한의『머나먼 쏭바강』을 추천한다.

흑백 편견에서
진실은 어떻게 승리할까

『앵무새 죽이기』(To Kill A Mockingbird)
하퍼 리 Nelle Harper Lee
미국, 1960년

나는 편견에 사로잡히지 않았어요

늦은 저녁, 지하철 3호선 전철에 탔을 때 백인 남자가 앉아 있고 그 옆자리가 비어 있다면 당신은 그 옆에 앉을 수 있는가? 어쩌면 앉을 것이다. 만약 흑인의 옆자리가 비었다면 아무렇지도 않게 앉을 수 있는가? 어쩌면 앉지 않을 것이다. 앉았다 해도 "나는 백인과 흑인을 차별하지 않아"라고 마음속으로 외칠 것이다. 그 외침 자체가 흑백의 편견이다.

백인과 흑인이 나란히 앉아 있으면 우리는 백인이 더 교양 있을 것이라 생각한다. 법정에서 증언을 할 때 미녀의 말은 신빙성이 높고,

추녀의 말은 신빙성이 낮다고 판단한다. 대학 교수는 책을 많이 읽었을 것이라 지레짐작한다. 모두 편견에 불과하다.

2012년 뉴욕에서 34층 호텔을 소유한 회장(미국인, 백인)과 인터뷰를 했다. 다음 날 아침 로비를 서성거릴 때 회장이 출근했다. 그때 엘리베이터 앞에서 하늘색 유니폼을 입은, 50대 후반의, 뚱뚱한 흑인 청소부 여자가 대걸레로 청소를 하고 있었다. 그녀는 회장에게 인사를 했고, 회장은 방긋 웃은 뒤 그녀와 한참 이야기를 나누다가 엘리베이터를 탔다.

서울의 한 대학에서 복도를 거닐 때 청소 아주머니가 청소를 하다가 저만치에서 누군가 걸어오는 모습을 보더니 황급히 도망쳤다. 몇 분 후 그 아주머니에게 "왜 도망쳤느냐?"고 물었다(작가적 호기심이 발동해서). 그녀는 마지못해 대답했다.

"교수님이 우리를 보면 싫어해서요."

"왜요?"

"낭연히 싫지요. 우리 같은 하찮은 것들과 마주치면…… 인사하는 것도 싫어해요."

학문의 전당, 교양과 인격의 함양, 민주 시민의 양성…… 이라는 숭고한 사명을 완수하기 전에 권위의식, 선인의식(選人意識)을 먼저 버려야 하지 않을까, 생각이 들었다. 미국 사회의 인종편견을 논하기 전에 대한민국 지식인(이 말부터가 구태의연하다)의 권위의식부터 삭제해야 한다. 다민족사회로 향하는 현실에서 편입민족을 '얕잡아 보는 것'은 스스로를 비하하는 것이다.

"베트남 처녀와 결혼하세요. 도망치지 않음" 플래카드가 나부끼지 않은 것으로 위안을 삼아야 할까?

편견은 삶의 불편한 동반자

아주 오래 전인 1980년대 초 어느 날 '주말의 명화'에서 우연치 않게 영화 한 편을 보았다. 흑백TV에서 상영된 영화는 흑백영화였다. 컬러영화였을지라도 어차피 흑백으로 방영되었을 것이다. 제목은 《앨라배마에서 생긴 일》. 무척 재미있고, 감동 깊은 영화였다. 7살 여자 주인공 스카웃이 10살 오빠 젬과 함께 빈 타이어 속으로 들어가 떼굴떼굴 구르는 장면, 고목나무 옹이구멍에 장난감이 들어 있었던 장면, 헬러윈 가면무도회가 끝난 후 탈바가지를 쓰고 집으로 돌아오던 장면 등이 오랫동안 기억에 남는 명작이었다.

가장 깊은 기억은, 억울한 누명을 쓴 흑인청년이 스카웃의 아버지이자 변호사인 에티커스의 활약으로 자유의 몸이 되는 승리의 순간이었다. 그래서 내 나름으로 영화의 주제를 '흑백갈등'과 '아름다운 승리'로 정의 내렸다. 하재봉의 시 『유년시절』을 처음 읽었을 때 문득 이 영화가 다가온 까닭은 유년의 잃어버린 낭만이 그리웠기 때문이리라.

일곱 개 빛의 미끄럼틀을 타고 새알 주으러 쏘다니던 강안에서
무수히 많은 눈물끼리 모여 흐르는 강물 위로

한 움큼씩 어둠을 뜯어내버리면

저물녘에는 이윽고 빈 몸으로 남아 다시 갈대숲으로 쓰러지고요.

5년 쯤 시간이 흘러 그 영화가 『To Kill A Mockingbird』라는 사실을 알았으며, 영화의 제목도 《앨라배마에서 생긴 일》이 아니라 《앨라배마 이야기》라는 것도 알게 되었다. 작가가 여자라는 사실은 의외였는데, 책을 읽은 후에야 '당연히 여자'라는 판단이 내려졌다. 하퍼 리를 남자로 생각한 이유는 남북전쟁 시기에 남군 총사령관을 지낸 로버트 E. 리(Robert E. Lee) 장군이 떠올라서였다.

미국에서는 고등학교 국어시간에 소설 한 편을 선정해 교과서 삼아 1년 동안 탐독하고, 토론하고, 독후감을 제출한다고 한다. 그 교과서로 선정되는 소설 중 하나가 『앵무새 죽이기』이다. 그런데 최근 들어 본문에 '니그로(Negro)'라는 표현이 자주 등장한다는 이유로 논란이 벌어졌다는 소식이다. 여하튼 선정 도서가 흑인 노예의 고통을 다룬 『톰 아저씨의 오두막』이 아닌 이유는 무엇일까? 남북전쟁을 무대로 한 『바람과 함께 사라지다』가 아닌 이유는 또 무엇일까?

어쩌면 『톰 아저씨의 오두막』이 표방하는 '흑인 노예는 해방되어야 한다'는 명제는 현대 미국에서 더 이상 논의의 대상이 아니기 때문일 것이며, 『바람과 함께 사라지다』는 흑백 갈등이 아닌 백백 갈등에 초점이 맞춰져 있기 때문일 것이다. 흥미로운 점은 『바람과 함께 사라지다』의 주인공은 스칼렛이고, 『앵무새 죽이기』의 주인공은 스카웃이라는 점, 작가는 똑같이 여자이고, 두 작품 모두 퓰리처상을 받았다는 사실이다. 무대는 조지아 주와 앨라배마 주인데 두 주는 남동부에 나란히 붙어 있다.

내게 사냥용 총이 있다면?

이 소설에는 모두 32명의 인물이 등장한다. 앨라배마 메이컴 마을에 사는 주인공 스카웃, 오빠 젬, 아빠 에티커스, 정체를 알 수 없는 옆집 아저씨 부 래들리, 이웰가의 딸 마옐라, 그녀를 강간하려 했다는 혐의로 체포된 흑인 청년 톰 로빈슨…… 『톰 아저씨의 오두막』에서도 흑인은 톰(Tom)이다. 흑인은 가장 흔한 이름을 지녀야 할 숙명을 지닌 것일까?

제2차 세계대전 영화를 유심히 살펴보면 흥미로운 요소 한 가지를 발견할 수 있다. 등장인물이 대부분 백인이라는 사실이다. 예컨대《라이언 일병 구하기》에는 흑인병사가 등장하지 않는다. 어쩌면 등장했을지도 모르지만 대부분의 관객이 알지 못할 만큼 극소수이다. 2016년 개봉한《핵소고지》에서도 흑인병사의 모습은 찾을 수 없다. 반면 베트남전 영화에는 흑인이 다수 등장한다.《포레스트 검프》에서 검프가 베트남전에 참전했을 때 가장 친했던 동료 벤자민 버포드 부바 블루는 흑인이었다. 1945년에서 30년이 지난 다음에야 흑인들은 전투에 참가할 수 있었을까?

영화《앨라배마 이야기》를 보았을 때 나는 영화의 주제가 흑백갈등

(인종차별)이라 생각했다. 하지만 책을 읽은 후 '편견에의 도전'으로 수정했다. 편견을 깨는 일은 지극히 어렵다. 시대를 거슬러 올라가 1930년대 대공황 시기에 당신이 메이컴 마을에 사는 백인이라면 "톰 로빈슨은 죄가 없다"고 말할 수 있겠는가? 당신에게 사냥용 총이 있다면 앵무새를 쏘지 않을 수 있겠는가? 쏘고 싶은 마음이 들 때 이 구절을 기억하라.

> 앵무새는 노래를 불러 우리를 즐겁게 해줄 뿐, 곡식을 축내거나 옥수수 창고에 둥지를 만들지는 않아. 그저 온 힘을 다해 노래를 불러주지. 그래서 앵무새를 죽이면 죄가 되는 것이지.

'앵무새를 죽이면 죄가 된다'는 말은 '선한 누군가에게 피해를 입히면 죄가 된다'라는 말과 일맥상통한다. 죄는 편견에 굴복하는 것이고, 진실 앞에서 침묵으로 위장하는 것이다. 『앵무새 죽이기』는 7살 스카웃을 통해 그 진리를 들려준다.

더 알아두기

1. 작가 하퍼 리는 1926년 미국 앨라배마 먼로빌에서 태어나 2016년 사망했다. 그녀는 평생에 걸쳐 사실상 단 한편의 소설을 썼으며(1960년) 그 작품이 현대 고전이 되었다. 비슷하게 J.D 샐린저

역시 『호밀밭의 파수꾼』(The Catcher in the Rye, 1951) 단 한편의 소설로 세계적인 명성을 얻었다. 이 책은 앤서니 버지스의 『시계태엽 오렌지』(A Clockwork Orange)와 비슷한 느낌을 풍긴다.

2. 1992년 [도서출판 흐겨레]에서 초판이 나왔을 때 번역자 박경민은 "앵무새는 기쁨과 양심의 상징"이라 말했다. 판단은 각자의 몫이다. mockingbird는 '흉내지빠귀' (다른 새의 울음소리를 흉내내는)가 정확한 뜻이다.

3. 『톰 아저씨의 오두막』(Uncle Tom's Cabin)을 쓴 스토우(Harriet Beecher Stowe) 부인은 백악관에 초청 받아 링컨을 만났다. 그녀의 소설이 남북전쟁의 중요 원인인가에 대해서는 논란이 있다.

4. 흑인의 역사를 추적한 알렉스 헤일리(Alex Haley)의 『뿌리』(Roots: The Saga of an American Family)는 1970~80년대에 세계적인 베스트셀러였다. 퓰리처상을 수상한 작품으로 그 유명한 쿤타킨테(Kunta Kinte)가 주인공이다.

5. 『바람과 함께 사라지다』(Gone With The Wind)의 처음 제목은 Tomorrow is Another day였다고 한다. '내일은 또 다른 내일'이라는 뜻인데 우리나라에서는 "내일은 내일의 태양이 뜰 거야"라는 멋진(?) 독백으로 번역되었다.

그 양이
장미꽃을 먹었다 한들

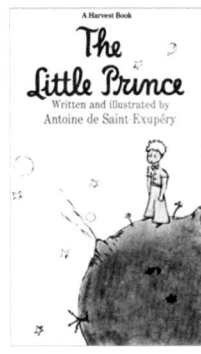

『어린 왕자』(Le Petit Prince)
생텍쥐페리 Antoine-Marie-Roger de Saint-Exupéry
프랑스, 1943년

장미가 아름답듯 바오밥나무도 아름답다

2013년, 아프리카 킬리만자로(5,895m)를 등반하고 내려온 다음날 탄자니아 아루샤(Arusha)라는 도시 인근의 세렝게티 공원에 갔다. 검은 코끼리들, 귀족처럼 점잖은 기린들보다 더 놀라운 것은 바오밥나무였다. 엄청나게 크고 놀랍도록 멋진 바오밥나무들이 무수히 서 있었다. 사파리 차에 앉아(절대 내릴 수 없다) 탄성을 발하면서 나는 의문에 사로잡혔다.

"이처럼 멋진 나무를 왜 생텍쥐페리는 미워했을까?"

그가 사막에서 만난 -그 사막은 아프리카이다- 어린 왕자의 말에 의하면, 모든 별(지구도 포함된다)에는 좋은 씨앗과 나쁜 씨앗이 있다. 씨앗은 어느 날 세상을 향해 조용히 싹을 내민다. 장미의 싹이라면 내 버려두어도 되지만 바오밥나무의 싹은 그대로 두어서는 안 된다. 그 거대한 뿌리로 별에 구멍을 뚫어버리고 결국에는 별을 산산조각 내기 때문이다.

싹이 막 고개를 내밀었을 때는 구별이 어렵다. 바오밥나무조차 장미와 흡사하다. 그러나 구별이 가능한 순간 바오밥나무는 뽑아버려야 한다고, 어린 왕자는 불시착한 비행기 조종사에게 친절히 일러준다. 하지만 한 번이라도 아프리카의 바오밥나무를 본 사람이라면 그 나무를 사랑하지 않을 수 없게 된다. 그래서 "어린이들이여! 바오밥나무를 조심하라!"는 말은, 다양한 의미 부여가 넘쳐남에도 불구하고, 풀 수 없는 수수께끼가 된다.

술을 마시는 것이 부끄러워 술을 마시는 우리들

『어린 왕자』를 흔히 '어른을 위한 동화'라 한다. 동화가 아니라 철학서이다. 적어도 세 번은 읽어야 이해가 된다. 가까스로 이해한다 해도 실천하기는 어렵다. 1909년 터키의 천문학자가 소혹성 B612를 발견했다. 그는 국제천문학회에서 자신의 발견을 훌륭히 증명했다. 그러나 그가 입은 옷 때문에 아무도 그의 말을 믿지 않았다. 이 말은, 어떤 사람을 판단할 때 그가 입은 옷, 즉 외모로 판단하지 말라는 가르침이다. 그러나 이 말에 공감하면서도 우리는 여전히 옷이나 자동차로 사람을 판단한다. 우리는 지식과 다르게 행동한다.

> "수백만 개의 별들 중에 단 하나밖에 존재하지 않는 꽃을 사랑하고 있는 사람은 그 별들을 바라보고 있는 것만으로 행복할 수 있어."

이 말에 감동을 받는다. 그러나 고개를 들어 밤하늘의 별을 바라보는 것은 일 년에 두 번도 되지 않는다.

"모든 것을 다스리노라, 규율을 어기는 것을 짐은 용서치 아니 하느니라"라는 왕의 말을 비웃으면서도 막상 자기 자신이 왕이 되려 한다. "네 자신을 심판하거라. 다른 사람을 심판하는 것보다 자기 자신을 심판하는 게 훨씬 더 어려운 법이니라"라는 말에 가슴이 뜨끔 하면서도 스스로를 반성하는 일에는 게으르다.

술을 마시는 것이 부끄러워, 그 사실을 잊기 위해 술을 마시는 술꾼을 비웃으면서도 술을 마시는 사실이 부끄러워 자신을 완전히 잊을 만큼 술을 마신다. 어린 왕자의 모든 말에 공감하면서도 실천하지 못하는 이유는 그 말의 뜻을 알지 못하기 때문이다.

나는 위대한 왕자가 될 수 없다

생텍쥐페리는, 어른들은 모든 것을 숫자로만 파악한다고 비판했다.

'제라늄 화분이 있는 분홍빛의 벽돌집'을 어른들은 상상하지 못한다. '10만 프랑짜리 집'이라고 말해야 이해한다고 비판했다. 흥미로운 점은 『어린 왕자』에 다양한 숫자가 등장한다는 사실이다. 6살 때 그린 보아구렁이 그림 2장, 사하라 사막에 불시착한 것은 6년 전, 어린 왕자의 고향인 소혹성 B612호, 석양을 하루에 43번 바라본 어린 왕자, 화산 3개, 장미꽃이 지닌 4개의 가시, 5억 162만 2731개의 별을 소유한 실업가, 24시간 동안 1540번 해가 지는 소행성…… 그리고 지구에는 엄청난 숫자가 존재한다.

111명의 왕, 7천 명의 지리학자, 90만 명의 실업가, 750만 명의 술 주정뱅이, 3억 1100만 명의 허영심 많은 사람들, 약 20억 명쯤 되는 어른들, 전기가 발명되기 전 6개 대륙을 통틀어 46만 2511명의 가로등 점화수가 있었다. 3장의 꽃잎을 지닌 볼품없는 한 송이 꽃과 5천 송이의 장미도 지구를 꾸미는 중요한 구성품 중의 하나이다. 이토록 많은 숫자가 등장하는 이유는 무엇일까?

어린 왕자는 5천 송이 장미 앞에서 혼란에 빠진다. 이제까지 "이 세상에 오직 하나뿐인 꽃을 가졌으니 부자인 줄 알았었다." 그러나 "내가 가진 꽃은 그저 평범한 한 송이 장미꽃일 뿐"이라는 사실을 깨닫는다. 그 장미 한 송이와 3개의 화산(하나는 불이 꺼졌다)만으로는 위대한 왕자가 될 수 없음을 깨닫는다. 이 사실을 일깨워주기 위해 작가는 그 많은 숫자들을 나열했을 것이다. 그래서…… 어린 왕자는 풀숲에 엎드려 울었다.

마음으로 보는 눈은 무엇을 볼 수 있을까

황금색으로 물결치는 밀밭을 바라보면 농부는 부자가 된 기분에 사로잡힐 것이다. 화가는 그 아름다운 풍광을 캔버스에 담을 것이다. 만일 그대가 금빛 머리칼을 지닌 여자를 사랑했었다면 밀밭을 보는 것만으로도 가슴이 울렁거릴 것이다. 그 밀밭에 바람이 분다면 그 바람마저 사랑할 것이다. 그것은 밀밭과 똑같은 금빛 머리칼을 지닌 여자에게 그대가 길들여져 있기 때문이다.

'길들인다'는 것은 여우가 알려준 교훈이다. 친구를 만들려면(상점에서 친구라는 상품을 팔지 않기 때문에) 친구를 길들여야 하고, 그만큼 참을성이 있어야 한다고 일깨워준다. 이 책을 관통하는 주제 중 하나이다. 그래서 사랑에 길들여지면 "네가 오후 4시에 온다면 난 3시부터 행복해지기 시작한다." 여우의 말에 따르면 행복의 비밀은 아주 단순하다.

> 오로지 마음으로만 보아야 잘 보인다는 거야. 가장 중요한 건 눈에는 보이지 않는단다…… 너의 장미꽃을 그토록 소중하게 만든 건 그 꽃을 위해 네가 소비한 그 시간이란다.

옷차림 때문에 국제천문학회에서 자신의 발견을 입증하지 못한 천문학자의 이야기와 일맥상통한다. 그러나 우리는 여전히 마음으로 보는 눈을 소유하지 못하고 있다. 나의 장미꽃이 소중한 것은 그 아름다움 때문이라 생각한다. 내가 기울인 시간이 중요하다는 것을 깨닫지 못한다. 사막의 아름다움도 깨닫지 못한다. 그 어딘가에 샘이 있다는 것을 알지 못한다. 어린 왕자는 그 사실을 알려준다. 지구에 처음으로 온 그가 어떻게 그 사실을 알았을까?

'아름다운 것은 눈에 보이지 않는다'는 진리를 잘 알기 때문이다.

> 한 마리 양이 한 송이 장미꽃을 먹었느냐, 먹지 않았느냐에 따라 천지가 온통 뒤바뀌게 될 것이다.

마지막 페이지의 이 말은 생텍쥐페리가 인류에게 던져준 숙제이다. '한 마리 양'은 무엇이고, '한 송이 장미꽃'은 무엇이고, '먹었다'는 행위는 무엇이며, '천지'는 무엇이고, '뒤바뀐다'는 말은 무엇인지 정의 내리기 어렵다. 세 번을 읽고 나면 어렴풋이나마 가늠될 뿐이다. 그래서 『어린 왕자』는 철학서이다.

🖐 더 알아두기

1. 1940년 봄, 독일군은 폴란드, 덴마크, 노르웨이, 네덜란드, 벨기에, 룩셈부르크를 손에 넣었다. 유럽에서 사실상 남은 땅은 영국과 프랑스뿐이었다. 프랑스는 육군 강국이었으나 독일의 전격전에 밀려 패배했고 6월 10일 파리를 무방비도시(Open City)로 선언했다. 필립 페탱(Philippe Pétain) 원수는 6월 21일 항복문서에 조

인한 뒤 비시(Vichy)에서 친독 괴뢰정부를 수립했다. 반면 드골(Charles De Gaulle)은 영국으로 망명해 자유프랑스(La France Libre)를 세웠다.

프랑스가 항복한 이유는 여러 가지가 있으나 그중 하나는 문화재의 보호였다. 만일 프랑스가 끝까지 항전했다면 수천 년의 역사를 간직해온 아름다운 문화 유적들은 모두 파괴되었을 것이다. 또한 30일의 전쟁 동안 독일군이 3만 5천 명의 전사(실종자 포함)자를 낸 것에 비해 프랑스군은 12만 명이 전사(실종자 포함)했고 24만 명이 부상당했다. 이 숫자는 기하급수적으로 늘어날 수 있었다. 이를 막기 위해 항복을 결정한 페탱은 훗날 역사의 죄인으로 내몰렸고, 드골은 항전 영웅으로 대통령이 되었다. 과연 누구의 행동이 옳았는지는 쉽게 판단할 수 없다.

2. 생텍쥐페리는 1943년 4월, 튀니지의 라마르사(La Marsa) 기지에서 미 제7군에 소속되어 제2차 세계대전에 참전했다. 1944년 7월 31일, 지중해 코르시카 상공에서 독일군 전투기에 피격되어 바다로 추락해 사망했다.『어린 왕자』가 출간된 지 1년 3개월 만에 44세의 나이로 전사했다. 호르스트 리페르트라는 독일 공군 조종사는『생텍쥐페리, 최후의 비밀』이라는 책에서 자신이 생텍쥐페리의 전투기를 격추시켰다고 고백했다.

3. 소위 말하는 '어른을 위한 동화'에는 트리나 폴러스(미국)의『꽃

들에게 희망을』(Hope for the Flowers), 쉘 실버스타인(미국)의『아낌없이 주는 나무』(The Giving Tree), J.M. 데 바스콘셀로스(브라질)의『나의 라임오렌지나무』(My Sweet Orange Tree), 파트리크 쥐스킨트(독일)의『좀머씨 이야기』(Geschichte von Herrn Sommer), 구리 료헤이(일본)의『우동 한 그릇』, 구로야나기 테츠코의『창가의 토토』, 호아킴 데 포사다(미국)의『마시멜로 이야기』(Don't Eat the Marshmallow Yet), 리처드 바크의『갈매기의 꿈』(Jonathan Livingston Seagull)등이 있다. 모두 3시간 이내에 읽을 수 있는 책들이다. 성격은 약간 다르지만 미치 앨봄(미국)의『모리와 함께한 화요일』(Tuesdays with Morrie)도 권한다.

:: 『마시멜로 이야기』는 처음에 [한경BP], 이후에는 [21세기북스]에서 나왔다. 첫 책에서 주인공은 '찰리'였으나 두 번째 책에서는 이름이 '아서'로 바뀌었다. 아서가 원명이다.

비 내리는 뉴올리언스의
오후를 좋아하시나요

『욕망이라는 이름의 전차』
(A Streetcar Named Desire)
테네시 윌리엄스 Tennessee Williams
미국, 1947년

『나폴레옹 법전』의 신봉자

그의 말에 의하면 루이지애나 주에는 『나폴레옹 법전』이라는 것이 있다. 그 법전에 의하면
"아내 껀 내 꺼구, 내 껀 아내 꺼지."
몇 조 몇 항인지 알 수 없으나 스탠리가 이 법전을 들먹이는 이유는 아내 스텔라의 미상속분 유산이 혹시라도 남아있지 않을까 하는 욕심 때문이다. 남부 대농장의 딸이었으므로 분명 유산이 조금은 있을 것이라 생각한다. 그 유산을 차지하려는 속셈이다. 그러나 처형(妻兄) 블랑쉬는 "남아있는 것은 묘지뿐"이라고 냉소적으로 알려준다. 급기야

양말 속을 뒤집어 보여주듯이 가방을 홀랑 뒤집어 서류를 전부 쏟아 낸다.

> 여기 다 있어요. 서류 전부! 이제 전부 당신한테 주는 거예요! 그걸 갖구, 낱낱이 보구 — 모조리 외우라구요!

만약 블랑쉬가 조금의 땅덩이나 건물, 돈을 가지고 있었다면 스탠리는 아내의 언니를 그리 차갑게 대하지 않았을 것이다. 융숭하게 대접했을 것이며, 언니나 동생 모두 불행으로 치닫지는 않았을 것이다. 그러나 만약 돈(재산)이 있었다면 더 큰 불행이 닥쳐왔을지도 모른다. 두 여자와 한 남자는 유산을 두고 피비린내 나는 싸움을 벌였을 것이므로…… 어느 경우이든 블랑쉬의 운명은 비극으로 끝나게 되어 있다. 첫사랑이 시작되었을 때부터 불행과 파멸을 동반했으므로…….

65센트가 전부인 망상가 여인

두 자매의 고향은 미시시피 로렐의 벨 레브이다. 백여 년 동안 잘 먹고 잘 살던 선조들의 땅(농장)은 수천 장의 서류들에 의해 조금씩 파괴되고 결국 묘지만 남았다. 블랑쉬는 고등학교 영어 선생님이었으나 17살 남학생과 성관계를 맺고 파면되었다. 동생의 집을 어렵사리 찾아왔을 때 호주머니에 든 돈은 65센트였다.

다행히 그녀에게는 유부남이기는 해도 대학 동창 쉐프 헌트리가 있었다. 그는 캐딜락 컨버터블을 타고 다니며 텍사스에서 유전 사업을 한다. "텍사스는 그의 주머니에 금덩이를 뿌려 넣고 있다"고 믿는 블랑쉬는 헌트리에게 전화만 하면 가게를 차려줄 것이라 믿는다. 그래서 웨스턴유니온(Western Union)에 전화를 걸려 하지만……

스텔라가 호화로운 벨 레브를 떠나 어떤 과정을 거쳐 루이지애나 뉴올리언스 엘리지안 필드 632번지에 정착했는지는 알 수 없다. 그곳은 애드가 앨런 포(Edgar Allan Poe)만이 묘사할 수 있을 정도로 음침하고 비좁고 더러운 곳이다. 짐승같은 남자 스탠리와 어떻게 결혼을 하게 되었는지도 알 수 없다. 스탠리가 폴란드 출신이며, 결혼 첫날 슬리퍼로 전구를 전부 깨부수었다는 것 외에.

그는 무엇이든 부수는 것이 습관이다. 그래서 친구들과 포커게임을 할 때 블랑쉬가 라디오를 켜놓자 창밖으로 던져버렸다. 그러한 야만적 사내가 고상한 척하는 빈털터리 여자를, 아무리 아내의 언니라 한들 좋아할 수는 없었다.

그 여자가 이곳에 오기 전까지는

이 희곡에 나오는 등장인물은 모두 비정상이면서도 우리의 모습을 고스란히 보여준다. 아픈 어머니를 홀로 돌보는 우유부단하면서도 팔랑귀를 가진 청년 미치, 그는 블랑쉬에게 말한다.

어머니께 당신 얘길 했어요. 어머니가 물어 보시더군요. "블랑쉬가 몇 살이니?" 근데 난 대답하지 못했어요.

블랑쉬는 나이를 정직하게 밝힐 만큼 어리석은 여자가 아니다. 그러면서 세상을 살아가는 방식은 한없이 어리석다. 일이 끝나면 친구들과 술을 마시며 볼링 혹은 포커게임으로 하루를 마감하는 스탠리, 그의 친구들인 파블로, 스티브…… 모두 하루를 힘겹게, 그러면서도 노력 없이 살아간다.

스탠리는 블랑쉬가 농장을 처분한 돈을 가지고 있으리라 생각했다. 그녀의 가방을 뒤져 옷들과 액세서리를 꺼내 아내에게 보여주며 닦달했다. 그러나 그러한 것들은 모두 모조품이고 싸구려들이었다. 그중에는 연애편지도 있었다.

"내가 먼저 한번 봐야겠어."

블랑쉬가 질겁한다.

"당신 손이 닿으면 그걸 모욕하는 거예요!"

그 편지들은 소년이 쓴 시들이었다. 소년은 그 시와 돌아갈 수 없는 아름다운 시절의 사랑과 비난만 남긴 채 저세상으로 떠났다. 블랑쉬는 소년으로 인해 학교에서 쫓겨났음에도 편지를 버리지 못한다. 버리지 못하는 것은 편지뿐만이 아니다. 화려했던 나날의 즐거움과 뭇 남성들의 추파, 한때나마 주인공이었던 영광을 버리지 못한다.

스탠리는 파괴주의자이다. 한편으로는 오늘을 즐기는 현실주의자이다. 블랑쉬가 오기 전 그의 삶은 그럭저럭 유지되었고 나름 즐거웠다. 비좁은 집이기는 해도 사랑하는 아내가 있고, 곧 아버지가 될 참이었다. 그러던 것이 창녀나 진배없는 블랑쉬로 인해 엉망이 되어 버렸다. 아내에게 호소한다.

"그 여자가 여기 오기 전까지 만사가 잘 되지 않았어?"

맞는 말이다. 그 여자가 등장하기 전까지 두 사람은 행복했고, 만사가 잘 되었다. 그런데 그 여자는 스탠리를 야만인, 원숭이, 비열한, 저급한 사내라고 멸시했다. 더구나 폴란드 출신이다. 언니가 그 사실을 알려주면서부터 스텔라의 결혼생활은 비참한 것으로 판명되었다. 소소한 행복들은 하찮은 것이 되고 말았다. 언니가 오기 전까지!

욕망의 종착역은 어디일까

욕망은 두 가지이다. '돈'에 대한 욕망과 '성욕'에 대한 욕망. 스탠리는 두 가지를 다 가지려 한다. 미치는, 돈에 관심이 없으나 블랑쉬에 대한 성욕(결혼)이 있다. 블랑쉬는 돈이 필요하다. 스텔라는 그 사이에서 방황하는 가엾은 여자이다. 예쁜 아기를 낳고 남편과 오순도순 살기를 원한다. 남편은 많은 돈을 벌지는 못해도 어엿한 기술자이고, 직장이 있다. 그러나 블랑쉬는 더 많은 것을 원한다. 불랑쉬에게 돈이 없다는 사실을 명백히 파악한 스탠리는 이제 성욕을 채우려 한다.

일반적 관념에서, 한 남자가 아내의 언니와 불법적으로 성관계를 맺으려 하는 것은 매우 비도덕적이다(여자와 합의를 했다 해도 비도덕적이다). 여자는 그것을 알고 있다. 병을 깨서 사내의 얼굴에 들이민다. 그러나 사내는 그녀의 말처럼 야만적이고, 짐승이나 다름없다. 저항하는 여자에게서 더 성적 쾌락을 느낀다.

"오! 그래 당신은 한바탕 소동을 원하는군! 좋아, 소동을 벌여 봅시다!"

그 소동이 과연 사내의 의도대로 펼쳐질 수 있을까? 욕망이라는 전차에 올라탄 사내의 종착역은 과연 어디일까?

🖐 더 알아두기

1. 블랑쉬가 동생 스텔라의 집으로 가기 위해 탔던 실제 전차 노선의 이름이 '욕망(Desire)'이다. 스텔라의 집은 엘리시안 필드(Elysian Field)와 포부르 마리니(Faubourg Marigny)가 만나는 곳의 이층집이다.

2. 테네시 윌리엄스(1911~1983)는 미시시피에서 태어났다. 아서 밀러(Arthur Miller), 유진 오닐(Eugene O'Neill)과 함께 미국의 3대 극작가이다. 『욕망이라는 이름의 전차』와 더불어 『유리동물원』, 『뜨거운 양철지붕 위의 고양이』가 걸작이다. A. 밀러의 대표작은 『세일즈맨의 죽음』(Death of a Salesman)이고, E. 오닐의 대표작은 『느릅나무 밑의 욕망』(Desire under the Elms)이다. 두 작품을 꼭 읽어

보기를 권한다.

3. 시간이 나면 페터 한트케(Peter Handke)의 『관객모독』(Publikums Beschimpfung)도 읽어보라. "이 부패한 민중들아, 이 교양 있다는 계급들아, 이 말세를 사는 속물들아, 이 망망한 황야에서 울부짖거나 하는 놈들아, 종말이나 와야 회개할 놈들아"라는 식의 꾸짖음이 난무한다.

4. 루이지 피란델로(Luigi Pirandello 이탈리아)의 『작가를 찾는 6인의 등장인물』은 아버지, 어머니, 의붓딸, 아들 등 이름 없는 사람들이 등장하여 무대감독과 연출가들을 괴롭히는 기이한 희곡이다.

나는 부조리하지 않다.
세상이 부조리할 뿐

『이방인』 (L'Étranger)
알베르 카뮈 Albert Camus
프랑스, 1942년

누구라도 한번은 이방인

  소·말·사슴 등이 그려져 있는 동굴 벽에 사람 그림도 있다. 그는 머리가 새이고 그 옆에는 손잡이 역시 새로 장식된 막대기가 있다. 그 남자의 지팡이(혹은 지휘봉)로 생각된다. 역사학자들은 그를 주술사로 추정한다. 알타미라 벽화와 더불어 현재까지 발굴된 인류 역사상 가장 오래된 프랑스 라스코 동굴 벽에 새겨진 인간 그림이다. 그러나 내가 보기에는 주술사가 아니라 이방인이다.

  이방인은 공통된 한 무리와 어울리지 않는 외로운 존재이다. 그것이 동물이든 사람이든 관계없다. 코끼리 무리 속에 기린이 있다면 이방인이고, 백인 무리 속에 몽골인이 있다면 이방인이고, 크리스천 무리 속에 불교 신자가 있다면 이방인이고, 모두가 짜장면을 먹을 때 김치볶음밥을 홀로 먹는다면 역시 이방인이다.

누구라도 한번은 이방인이 되어본 적이 있다. 나는 멀쩡한데 사람들은 나를 흘긋거리며 이상한 사람, 음흉한 사람, 조화를 파괴하는 사람으로 취급한다. 나는 한마디도 하지 않았고, 노래도 부르지 않았고, 창문도 열지 않았고, 전화를 걸지 않았는데도 변태, 괴짜, 예비 범죄자가 된다. 그래서 나는 따돌림 당한다(그런 상황을 은근히 즐기는 사람도 있다).

만약, 어머니가 사망했음에도 슬퍼하지 않는다면 이방인일까? 어머니의 빈소를 지킬 때 담배를 피웠거나 커피(카페오레)를 마셨다면 이방인일까? 그것이 별개의 살인죄를 다루는 법정에서 심리(審理)에 영향을 미쳐야 할까?

어머니의 죽음은 '슬픔'과 동의어인가

체코슬로바키아에서 태어난 한 남자가 돈을 벌기 위해 마을을 떠났다. 25년 뒤 부자가 되어 아내와 아이를 데리고 고향으로 돌아갔다. 어머니와 누이는 여관을 운영하고 있었다. 남자는 어머니와 누이를 놀래 주려고 아내와 아이를 다른 곳에 머무르게 한 뒤 혼자 어머니의 여관으로 갔다. 어머니는 아들을 알아보지 못했다. 남자는 장난삼아

객실 하나를 잡고는 돈을 보여줬다. 밤중에 어머니와 누이는 돈을 훔치려 남자를 망치로 때려죽인 후 시체를 강물에 던졌다. 다음 날 아내가 여관으로 찾아가 어젯밤 여행객의 신분을 밝혔다. 어머니는 목을 맸고, 누이는 우물에 몸을 던졌다.

뫼르소는 이 신문기사를 수천 번이나 읽었다. 침대 판자 사이에서 우연히 찾아낸 오래된 신문 조각을 읽고, 또 읽고, 또 읽은 것이었다. 설마 수천 번씩이나? 라는 의아함이 든다. 그러나 영화《쇼생크 탈출》에 나오는 것처럼 감옥에 갇힌 사람은 '시간을 보내기 위해' 무슨 짓이든 한다. 그래서 앤디 듀플레인은 16년 동안 감옥 벽을 파서 마침내 탈옥에 성공한 것이다.

그러나 뫼르소는 탈옥은 꿈도 꾸지 못한다. 자신이 저지른 살인이 '매우 단순한 사건'이라고 변호사와 판사에게 여러 차례 강조했다. 그런데 그들은 그 문제는 젖혀두고 어머니의 장례식에 관해서만 자꾸 질문을 퍼부어댔다.

"어머님께서 최근 양로원에서 돌아가셨죠?"
"수사관들의 조사에 의하면 '냉담해 보였다'는 것을 알게 되었다."
"그날 마음이 아팠는가?"

뫼르소는 질문을 이해하지 못하고, 공감하지도 못한다. 태양이 따갑게 내리쬐는 해변에서 권총으로 아랍인을 쏜 뒤 잠시 간격을 두었다가 4발을 더 쏜 것에 대한 행위보다 어머니의 장례식 날 눈물을 보이지 않은 것에 더 문제를 삼는다.

어머니가 돌아가시면 슬퍼해야 하는 것일까?

부조리는 궤변에 불과하다

『이방인』은 소설이라기보다 전반부는 기행문 같고, 후반부는 보고서 같다. 우리는 보통 프랑스어는 영어나 스페인어보다 더 아름답고, 낭만적이고, 문학적이라 생각한다. 더구나 카뮈는 노벨문학상 작가이기 때문에 제목마저도 멋진 『이방인』은 무척 품격 있고 낭만적일 것이라 여기지만 실상은 그렇지 않다. 『이방인』은 기계적인 묘사, 순서에 따른 설명, 사물과 사건에 대한 열거가 마치 가전제품의 사용설명서를 읽는 기분이다.

그러함에도 이 작품이 세계명작의 반열에 오른 이유는 우리 모두는 예외 없이 이방인일 수밖에 없다는 공감을 안겨주기 때문이다. 누구나 한번쯤 이방인이 되어 외로움을 절절이 체험했기 때문이다. 바바리코트의 깃을 세우고, 담배를 입에 물고 날카롭게 응시하는 카뮈의 눈동자에 짙은 우수가 담겨 있기 때문이다. 그 모습은 제임스 딘을 떠올리게 한다.

평론가들은 '부조리'라 말한다. 그래서 다들 '카뮈=부조리'이고 '이방인=부조리'라 덩달아 말한다. 솔직히 나는 무엇이 부조리인지 모르겠다. 뫼르소는 돈벌이가 시원찮아 엄마를 양로원에 보냈을 뿐이고, 엄마의 장례식에 참석해 장례를 치렀을 뿐이고, 담배가 너무 피우고 싶어서 양로원 수위와 함께 한 대 피웠을 뿐이며(흡연자는 이 욕구를 잘 알리라), 수위가 카페오레를 권하자 한 잔 마셨을 뿐이었다. 이후에 벌어지는 사건도 특별할 것은 없다. 현대인이 일상에서 겪고, 치르고, 해치우고, 처리하는 일들뿐이다. 단지 특별한 것이 있다면 아랍인을 총으로 쏘아 죽였다는 것이다.

물론 그 이유가 특별하기는 하다. 재판장이 "살인에 이르게 된 동기를 밝혀주면 좋겠다"라고 요구하자 "태양 때문이었다"고 대답한 것이다. 해변의 햇빛이 너무 눈부셔 사람을 죽인 것이다. 그래서 평론가들은 그 행위를 '부조리(不條理)'라 칭했다. 그렇다면 돈 때문에 사람을 죽이면 조리(條理)인가? 원한 때문에 사람을 죽이면 정당한 행위인가?

특별한 경험에의 유혹

부조리는 평론가들의 말장난에 불과하다. 카뮈는 한 청년의 인생행로를 들려주었을 뿐이다. '어머니의 죽음' 부고를 받은 이후부터 사형장으로 끌려가기 전날까지 그가 무엇을 했고, 누구를 만났고, 어떤 이야기를 나누었는지를 건조한 보고서 형식으로 묘사했을 뿐이다. 어쩌면 부조리 같은 단어는 생각조차 하지 않았을 것이다.

또 하나, 이 소설이 해피엔딩으로 끝난다는 논평은 그야말로 부조리하다. 뫼르소는 감옥에서 마음속으로 중얼거린다.

> 경이로운 평화가 밀물처럼 내 안에서 차올랐다.
> 모든 걸 다시 살아갈 준비가 된 기분이었다.
> 나는 행복했고, 또 행복하구나.

그래서 주인공은 "행복하게 삶을 마무리한다"고 말들 한다. 내일이면 나의 목에 밧줄이 걸리는데(혹은 총알이 머리를 관통하는데) 도대체 행복할 사람이 누구 있단 말인가?

뫼르소는 행복이 아닌 '기대'를 안고 있다. 새로운 경험이 자신의 눈앞에 펼쳐질 기대에 부풀어 있다. 사형집행일에 많은 관중이 몰려와 증오의 함성으로 자신을 맞이해주기를 바라고 있다. 그것은 특별한 경험일 것이었다(절대 행복이 아니다). 뫼르소는 그 경험을 하기 위해 방아쇠를 당겼는지도 모른다.

더 알아두기

1. 영화 《쇼생크 탈출》은 스티븐 킹의 중편소설 『리타 헤이워드와 쇼생크 탈출』을 모태로 만들어졌다.

2. 카뮈는 1957년 노벨문학상을 수상했다. 수상작품은 아서 쿼슬러와 함께 집필한 에세이 『단두대에 관한 성찰』이다.

> 사형 집행이라는 의식이 그것을 보는 자로 하여금 결국은 그의 속을 뒤집어 토하게 만드는 것 외에 달리 아무런 효과도 내지 못함을 인정하지 않을 수 없다…… 야만적인 제도가 아직까지도 없어지지 않고 존재하는 것은 오로지 여론의 무심 혹은 무지 때문이다. 여론이라는 것은 주입받은 판에 박

은 말로서 반응하는 것이 고작이다. 상상력이 잠을 자게 되면 언어는 의미를 상실한다.

3. 『페스트』(La Peste)는 장편소설이다. 오랑이라는 도시에 흑사병(黑死病)이 번지고 의사 뤼가 이를 수습하기 위해 고군분투하는 내용이 담겨 있는데…… 평가는 높지만 『이방인』에는 한참 뒤처진다.

4. 동시대의 철학가이자 작가인 사르트르(Jean Paul Sartre)와 친분을 유지했는데 사르트르는 1964년 노벨문학상을 거부했다. 최초로 거부한 사람은 1958년, 『닥터 지바고』(Doctor Zhivago)를 쓴 소련의 보리스 파스테르나크이다.

5. 사르트르의 작품은 『구토』(La nausée)가 가장 유명하다. 장편 『자유에의 길』이 있는데 상당히 어렵다.

그러므로 죽였지만……
나의 양심은 편안하다

『죄와 벌』(Crime and Punishment)
표도르 도스토옙스키 Fyodor Mikhailovich Dostoevskii
러시아, 1866년

비범한 사람은 평범한 사람을 죽여도 된다

도끼로 사람을 죽이면 쾌감이 있을 것이다. 붉은 피가 마룻바닥을 적시고 핏방울이 벽에 기이한 추상화를 만드는 장면은 생각만 해도 전율이 인다. 그 상대가 추악한 고리대금업자 노파라면 살인이라는 죄의식도 들지 않을 것이다. 원래는 그 노파만 죽이려 했는데 우연찮게(정말 재수 없게도) 현장에 모습을 드러낸 여동생마저 덤으로 죽인다면 쾌감은 두 배로 늘어날 것이다. 라스콜리니코프는 그렇게 생각했을 것이다.

다른 삶에게 해를 끼치는 노파가 있어. 그 노파는 자기가 왜 사는지 몰라. 게다가 얼마 안 있으면 죽게 돼. 그런데 도움을 받지 못해 좌절한 젊은이가 있어. 그 사람은 돈이 자기 손에 있다면 수백 수천의 사람들을 올바르게 가도록 인도하고, 가난한 삶들을 도와 행복하게 해주려는 계획을 세웠단 말이야. 그 청년이 노파를 죽였다고 해봐. 작은 범죄 하나로 수천 가지의 선한 일을 할 수 있는데 그래도 그 청년의 잘못인가?

잘못이 아니다. 라스콜리니코프는 "누가 나폴레옹에게 살인죄를 물었던가? 나폴레옹은 사상 최대의 살인자인데도 사람들은 그를 영웅으로 존경하고 있지 않은가?"라고 자신의 행위를 합리화 시킨다. 그의 논문에 따르면 나폴레옹은 비범인(非凡人)이다. 비범인은 세계의 구원과 개혁을 위해 평범인(平凡人)을 죽여도 된다.

케플러나 뉴턴이 자신의 위대한 발견(법칙)을 대중들에게 일깨워줘야 할 때 그것에 장애가 되는 사람이 있다면 수십 명 혹은 수백 명의 사람을 제거해도 된다고, 그럴 권리가 있다고 판사 앞에서 주장한다. 새로운 사회를 위해 낡은 것들을 파괴해야 할 때 유혈이 필요하다면 그렇게 해야 한다는 것이었다. 그래서 죽인 사람이 겨우 이웃집 할머니(한 명은 처녀) 두 명이라는 사실은 너무 초라하다.

도끼에 희생당한 전당포 노파 알료나 이바노브나는 라스콜리니코프의 관점에서 보면 "가난하고 불쌍한 사람의 돈을 부당하게 착취하는" 해충에 불과하다. 그러나 냉정한 통념에서 보자면 알료나는 경제 행위를 했을 뿐이다. 또한 이 세상에는 알료나보다 더한 사람은 부지

기수이다.

고달픈 유형지에서의 유일한 위안

우리나라에 소개된 외국 작가는 대략 900여 명에 이른다. 그 중 가장 뛰어난 작가를 한 사람만 뽑으라면 나는 단연 도스토옙스키다. 세 명을 뽑으라면 프랑스의 빅토르 위고, 영국의 셰익스피어를 추가할 것이다. 그러나 도스토옙스키의 소설들은 읽기 쉽지 않다. 분량이 방대하고, 철학적 내용이 많고, 심리묘사가 어지럽다. 등장인물이 많은 데다가 이름들도 쉽게 와 닿지 않는다. 러시아의 역사도 그리 친밀하지 않다. 그럼에도 불구하고 딱 한 권의 소설만은 읽어야 하는데 그게 바로 『죄와 벌』이다.

도스토옙스키는 러시아 근대 역사만큼이나 파란만장한 삶을 살았다. 사회주의 사상에 매혹되어 1849년 '페트라셰프스키'(Petrashevsky)라는 모임에서 벨린스키(Vissarion Grigorievich Belinskii)의 편지를 읽었다는 죄명으로 체포되어 사형선고를 받았다. 28세 때였다. 12월 22일 다른 죄수들과 함께 세묘노프스키 광장으로 끌려갔다. 죄수들이 세 명씩 끌려갈 때 그는 두 번째 줄에서 기다렸다. 숨이 붙어 있는 시간이 1분도 남지 않았을 때 니콜라이 1세(Nikolai I) 황제의 배려로 '집행중지' 종이 울렸고, 기적적으로 목숨을 건졌다. 그리고 시베리아로 유형을 떠나 4년간 혹독한 생활을 했다. 그때의 체험이 『죄와 벌』에 담겨 있다.

그는 그곳에서 4년을 보냈지만 법과 대학생 라스콜리니코프(로쟈)는 8년을 언도받았다(두 명을 계획적으로 죽인 살인범에게 매우 관대한 처분이라 할 수 있다). 시베리아 수용소에서 중노동을 하는 로쟈는 다른 수형자들에게 늘 공격을 받았다.

"너 같은 건 도끼를 가지고 다닐 위인이 아니야."

"이 불신자 놈아! 너는 하나님을 안 믿지!"

늘 목숨이 위협받는 춥고, 배고프고, 더럽고, 괴롭고, 힘들고, 고달픈 유형지에서 유일한 위안은 소냐(소피야 세묘노브나)의 방문이었다. 죄수들은 로쟈를 극히 싫어했지만 그를 찾아오는 소냐만은 좋아했다. 일종의 숭배를 하는 죄수도 있었다.

"아아, 소피야, 당신은 우리들의 어머니나 다름없소. 착하고 친절한 어머니란 말이오!"

소냐는 과연 누구이고, 왜 살인자를 따라 황량한 시베리아까지 갔을까?

유로지비는 현실에서 가능할까

소냐는 매춘부이다. 퇴역 군인이자 주정뱅이 하급관리인 아버지와 계모의 강요로 매춘의 길로 들어섰다. 그런데 자신의 일에 충실하지 않은 듯하다. 로쟈를 설득해서 자수하게 할 정도로 오지랖이 넓고 설득력도 좋다. 로쟈는 그녀를 '유로지비'(iurodivyi=Holy Fool)라 부른다. 러시아 정교에서 "세상에선 바보처럼 보이지만 하나님 앞에서는 가장 지혜로운 하나님의 사람"이란 의미다. 즉 성스러운 바보이다. 그러나 일반적 관점에서 보면 진짜 바보이다.

가난한 살인자를 뒤쫓아 시베리아 벌판까지 따라가서 보살펴주는 것은 성녀가 아니라면 불가능하다. 자기희생, 순종, 희망, 인내와 기다림으로 한 사람을 구원할 수 있고, 세상을 바꿀 수 있다고 믿으며 실천했다. 희미한 촛불 아래에서 그녀는 로쟈에게 성경을 읽어주었다.

> 어떤 병자가 있으니 이는 마리아와 그 자매 마르다의 마을 베다니에 사는 나사로라/이 마리아는 향유를 주께 붓고 머리털로 주의 발을 닦던 자요 병든 나사로는 그의 오라버니더라/이에 그 누이들이 예수께 사람을 보내어 이르되, 주여 보시옵소서 사랑하시는 자가 병들었나이다 하니/예수께서 들으시고 이르시되 이 병은 죽을병이 아니라 하나님의 영광을 위함이요 하나님의 아들이 이로 말미암아 영광을 받게 하려 함이라 하시더라.

신약 『요한복음』 11장이다. 여기에서 중요한 것은 '나사로의 부활'이다. 소냐는 이 구절을 들려줌으로써 살인자를 회개시키고 구원하려 한다. 그러나 로쟈는 두 명의 여자를 죽인 사람은 자신이 아니라고 항변했었다.

"난 말이야, 소냐, 궤변 없이 그냥, 자신을 위해서, 오로지 나 자신만을 위해서 죽이고 싶었어! 그 노파를 죽인 것은 악마이지 내가 아냐."

그 악마는 평범한 사람의 마음에는 존재하지 않는다. 도스토옙스키의 관점에서는 나폴레옹 같은 비범한 사람에게 존재한다. 그 악마성이 사람을 죽이고, 재물을 빼앗고, 전쟁을 일으키고, 평화로운 삶을 파괴한다. 그것이 죄이다. 이 죄에서 벗어날 수 있는 사람이 지구상에서 얼마나 될까? 그러기에 우리 모두는 지구라는 별에서 유형의 벌을 받는 죄인이다.

도끼로 노파를 죽이기 전 라스콜리니코프는 매우 곤궁한 상황에 처해 있었다. 돈이 없어 대학을 휴학했고, 거의 매일 굶주렸으며, 옷은 누더기에 가깝고, 거처하는 곳은 빈민촌이다. 그의 주변 사람 모두 빈민들이다. 그때 어머니에게서 온 편지는 절망적이었다. 여동생 두냐가 가정교사를 하다가 집주인 남자 스비드리가일로프에게 성희롱을 당하고 쫓겨났다는 것이다. 다행히 변호사 루진을 만나 결혼하게 되었다는 것으로 끝을 맺는다.

그러나 이 소식은 로쟈를 더 우울하게 만들었다. 듀냐가 매춘부처럼 팔려가는 것이라 생각하기 때문이었다. 그러한 고통들이 몸과 마음을 짓눌러 결국 저녁 7시가 지나자 도끼를 집어 들었다.

그의 상황은 몹시 고달프다. 그러나 그 상황이 도끼를 집어들만큼 절망적인지는 냉철하게 생각해 볼 일이다. 어떤 의미에서는 우리 모두 그러한 상황에 처해 있다고 할 수 있으므로…….

더 알아두기

1. 도스토옙스키는『악령』,『백치』,『지하생활자의 수기』,『카라마조프가의 형제들』등 여러 작품을 남겼다. 꼭 한 권을 더 읽는다면『지하생활자의 수기』를 권한다.『카라마조프가의 형제들』을 읽을 것인가에 대해서는 논란이 있을 수 있다. 양이 너무 방대하고 내용도 어렵다. 이 책을 읽을 시간과 정력을 다른 책에 쏟으면 4권은 더 읽을 수 있다. 만약 읽고자 한다면 옛날 판본을 구해서 2년 계획으로 읽기 바란다.

2.『죄와 벌』을 읽기 전에 작가에 대한 설명을 먼저 읽으면 작품 이해가 더 빠르다.

3. 러시아 소설은 푸시킨의『대위의 딸』(The Captain's Daughter), 톨스토이의『부활』, 투르게네프의『첫사랑』, 솔제니친의『이반 데니소비치의 하루』,『암병동』,『수용소 군도』, 숄로호프의『고요한 돈강』, 고골의 단편『외투』,『코』, 막심 고리키의『어머니』를 권한다.

4. 푸시킨은 '삶이 그대를 속일지라도'라는 명시를 썼다. 모스크바 아르바뜨 거리에 그의 동상이 있다. 아나똘리 리바꼬프는 이곳을 무대로 장편『아르바뜨의 아이들』(Deti Arbata)을 썼다.

:: 시베리아는 아니지만 러시아 대평원을 보고 싶다면 블라디보스토크에서 출발해 모스크바까지 가는 대륙횡단열차를 타면 된다. 2015년에 나는 이 열차를 타고 21일에 걸쳐 러시아-폴란드-독일까지 갔다. 왜 러시아에서 위대한 음악가와 문학가가 많이 배출되었는지를 어렴풋이 짐작할 수 있다.

살다보면 끌려 나가기도 하고, 끌려 나오기도 하는 것

『아Q정전』(阿Q正傳)
루쉰(魯迅)
중국, 1923년

변혁에 짓밟혀진 고통의 100년

　세계 역사를 객관적으로 살펴보면 근현대기에 가장 복잡한 역사를 거치면서 처참한 꼴을 당한 나라는 유럽에서는 폴란드이고, 동양에서는 중국(청~중화민국)이다. 물론 나치 독일에게 정복당한 프랑스나 독소전쟁을 치르느라 엄청난 피해를 입은 소련도 처참한 상황에 처하기는 했어도 그 시기는 짧았다. 반면 폴란드는 한때 강국이었으나 약소국으로 전락하여 오랜 세월 극심한 억압과 수탈을 입었다. 온전한 주권국이 된 것은 사실상 1980년대 후반이라 할 수 있다.
　1616년 건립된 청나라는 강희제·옹정제·건륭제의 이른바 강건성

세(康乾盛世)가 마무리되면서 혼란기로 접어들었다. 1796년에 시작해 1804년에 진압된 백련교(白蓮敎)의 난을 시발로 중국 대륙은 격정의 세월로 접어들어 마오쩌둥(毛澤東)이 사망한 1976년까지 180여 년 동안 거의 하루도 조용한 날이 없었다(이는 우리나라도 마찬가지다).

백련교의 난-강제적 문호개방-은의 유출과 마약의 성행-아편전쟁-난징조약-영토할양-태평천국의 난-북경함락-제2차 아편전쟁-이권침탈-양무운동-산업화의 태동-청일전쟁-변법자강운동-서태후의 횡포-무술정변-의화단 사건-북청사변-신학문 도입-만주족에 대한 저항-혁명세력의 대두-손문의 활약-신해혁명의 과정을 거쳐 1911년 멸망했다.

지난 5000년 동안 겪었던 변혁보다 더 많은 변혁을 100여 년 사이에 다 겪은 것이다. 그러나 손문이 세운 중화민국(中華民國)의 앞날은 더욱 험난하면 험난했지 평탄하지 못했다.

힘없는 사람을 괴롭히는 사람은 누구일까?

사회가 혼란스럽고 나라가 어지러워지면 누가 가장 손해를 볼까? 이 어리석은 질문의 답은 '가난한 백성'이다. 전란, 반란, 혁명, 전쟁의 시기에 돈이 없고, 권력이 없는 사람들이 가장 큰 피해를 입는다. 그러나 가만 생각해보면 가진 자들이 더 손해를 입는다. 혁명이 일어나면 가장 먼저 권력자가 자리에서 쫓겨나고, 사형을 받고, 재산을 몰수

당한다. 사실 가난한 사람은 빼앗길 것이 없기 때문에 전쟁이 일어나 초가집 한 채가 파괴된다 해도 그리 큰 손해가 아니다. 반면 가진 자는 모든 것을 빼앗긴다.

결국 혁명과 전쟁의 시기에는 너나할 것 없이 대부분의 사람이 피해를 입는다는 결론이다. 이는 루쉰의 소설『아Q정전』에도 그대로 담겨 있다. 아Q는 집도 절도 없다. 직업도 없고, 가족도 없고, 고향이 어디인지도 모르고, 재산도 없으며, 배짱도 없다. 당연히 글씨를 쓸 줄 모르고 읽을 줄도 모른다. 가장 애처로운 것은 30세가 다 되었음에도 (당시는 조혼의 시대이므로) 여자와 한 번도 접촉을 해보지 못했다는 사실이다(여승의 머리를 만져본 적은 있다). 그리고 가능성이 -어쩌면- 전무하다는 사실이다.

일본 영화《나라야마 부시코楢山節考》는 여자의 성기를 평생 처음으로 본 남자가 너무 감격해 그 앞에서 감사 기도를 올리는 장면이 나온다. 지독하게 어이없는 설정이지만 그 남자는 아Q보다 행복하다. 아Q는 부잣집 하녀 우마(吳媽 청상과부)에게 "나하고 자자"라고 엉겹결에 말했다가 온갖 수모를 받고, 지팡이로 머리를 얻어맞았으며, 그 집 하인에게 사죄하기 위해 술을 사주어야 했기 때문이다. 그 술값을 마련하느라 털모자를 전당포에 잡혀야 했다!

우마는 비록 과부이지만 '아Q 같은 놈'과 연분을 맺기는 죽어도 싫었다.

젊은 아씨가 우마를 방밖으로 끌고 나오며 말했다.

"밖으로 나와⋯⋯ 그러면 안 돼. 자기 방에 숨어서 엉뚱한 생각하면⋯⋯"

엉뚱한 생각은 자살을 의미한다. 아Q 같은 '왕빠단'(忘八蛋: '개새끼' 정도의 욕)에게 "나하고 자자"라는 소리를 들었으니 죽고만 싶은 것이다. 하인은 한술 더 뜬다. 그 자신이 하인이면서도, 자신보다 못하다고 업신여기는 아Q를 뜯어먹는 것이다. 힘없는 사람을 괴롭히는 사람은 바로 그 위의 힘없는 사람이다.

혁명의 의미를 알지 못했다

배우지 못하고 힘없는 사람의 말로는 어떻게 될까? 아Q는 마을에서 늘 구박만 받고, 사람들에게 업신여김을 당하고, 말 한마디 잘못하면 두들겨 맞는다. 그 상황을 오래 버티는 사람은 없다. 자신의 근본을 알지 못하는 타향으로 가면 출세할 수 있고, 성공할 수 있다. 성공한 뒤 금의환향하면 깔보는 사람이 없어진다.

아Q는 그 전형을 따랐다. 그리고 돈을 뿌렸다. 사람들은 갑자기 그를 존경하기 시작했다. 아Q가 성공의 비밀을 밝히기 전까지, 그리고 돈이 떨어지기 전까지. 돈이 떨어지자 아Q는 다시 빌어먹던 옛날로 돌아갔다. 그 옛날이 진정한 옛날이었으면 좋으련만 갑작스레 시대가 변했다. 혁명이 일어난 것이다.

혁명이 일어나면 사람들의 태도는 둘 중 하나로 덩달아 변한다. 혁명에 동조해 살아남거나, 거부해서 파멸(죽음)에 이르거나. 여기에는 한 가지 전제조건이 있다. 혁명의 의미를 알아야 한다는 것이다. 무엇을 위한 혁명인지, 누구를 위한 혁명인지, 혁명의 주체는 누구인지를 알아야 한다. 똑똑한 사람, 돈이 많은 사람, 눈치가 빠른 사람은 이를 재빨리 파악해 둘 중 하나를 택해 살아남는 길을 모색한다.

그러나 우리의 아Q는 혁명이 무엇인지 알지 못했다. 사람들이 부잣집에 쳐들어가 재물을 훔쳐내는 모습을 멀거니 구경만 하다가 돌아섰다. 그러고는 왜 자신에게 재물을 나누어주지 않는지 분통을 터트렸다. 자신도 뛰어들어 재물을 차지할 엄두는 내지 못한다. 왜?

어리석으니까. 그 어리석음은 반드시 벌을 받는다. 혁명에는 희생자가 있어야 한다. 그 희생자가 권력이 없고, 가족이 없고, 직업이 없는 사람이면 훗날 반혁명이 일어나더라도 후환이 없다.

동그라미 하나조차

이 소설은 신해혁명이 배경이다. 청을 무너뜨리고 중화민국이 들어선 대변혁이다. 그 변혁의 과정에서 희생당한 무명의 민초를 그렸다. 그 민초는 "살다보면 어떤 때는 끌려 나가기도 하고, 끌려 나오기도 하는 것"이라고 담담히 받아들인다. 우리네 삶과 동일하다. 다만, 알 수 없는 문서에 서명을 하라고 할 때 글씨를 쓸 줄 모르는 것이 부끄러울 뿐이다.

　난생 처음 붓을 들고 서명이랍시고 온 정성을 기울여 동그라미 하나를 그리려 했건만 흰 종이 위에 그려진 것은 수박씨 하나였다. 동그란 인생이 아닌 찌그러진 인생이 된 것이다. 착하고 순수했던 아Q는 동그라미 하나조차 남기지 못하고 그렇게 희생양이 되었다.

　소설의 무대 웨이장은 가상의 시골마을이며, 중국 남부의 깊은 농촌이다. "이름 阿Q의 阿는 친근감을 주기 위해 사람의 성이나 이름 앞에 붙는 접두어이고, Q는 청나라 말 중국인들의 변발한 머리 모습을 상징적으로 표현한 말이다"라고 소개되어 있다. 루쉰의 은유법에 감탄할 따름이다. 그 은유법에 의해 아Q가 창조되었고 이 세상에 잠시 머물다가 사라졌다. 변혁 속에 매몰된 한 인간의 삶은 어쩌면 우리 모두의 삶인지도 모른다.

　루쉰의 문체는 유려하고, 박학하고, 강단이 있는 반면 군더더기가 없다. 월장(越章: 문장을 생략하고 뛰어넘는 것)의 부분에서는 독자의 상상력을 불러일으킨다. 그러면서도 재미가 있다. 영어소설을 번역하는 것과 한문소설을 번역하는 것 중에 어느 것이 더 어려운지는 모르겠으나 같은 한자문화권이기에 읽기가 훨씬 매끄럽다.

　마지막으로, 아Q의 본명은 아꾸이(阿桂)일 수도 있고 또 다른 아꾸이(阿貴)일 수도 있다. 이름이 무엇이든 다 부질없다!

🌱 더 알아두기

1. 루쉰의 본명은 주수인(周樹人)이고, 일본에서 의학공부를 하다가 소설가로 전향했다. 『아Q정전』 외에 『광인일기』(狂人日記)를 권한다. 산문집 『아침에 떨어진 꽃을 저녁에 줍다』(朝花夕拾)도 명작이다.

2. 중국의 근대사, 농민의 삶, 역사의 부침을 가장 잘 알 수 있는 소설은 펄 벅(Pearl S. Buck)의 『대지』(The Good Earth)이다. 현대 작품으로는 위화(余華)의 『허삼관 매혈기』(許三觀賣血記)가 있다. 한때 바진(巴金)의 작품이 유행한 적이 있었으나 권할 만한 책은 없다. 다이 호우잉(戴厚英)의 『사람아 아, 사람아』(人啊, 人!)도 명작이다. 1950년대 이후부터 문화대혁명을 무대로 11명의 등장인물을 통해 중국 현대 역사를 드라마틱하게 보여준다.

3. 마오쩌둥(毛澤東)에 관한 전기는 『중국의 붉은 별』(Red Star over China)이 가장 뛰어나다. 미국의 신문기자 에드거 스노(Edgar Snow)가 외국인으로는 최초로 연안(延安)에 들어가 마오쩌둥과 직접 인터뷰하고 쓴 책으로 1970~80년대에 대학가의 필독서였다. 이른바 '장정'(長征)에 대해 알고 싶다면 이 책을 꼭 읽어야 한다.

4. 반드시 읽어야 할 책은 모옌(莫言)의 『홍까오량 가족』(紅高粱 家族)이다. 모옌은 2012년 중국인으로서는 처음으로 노벨문학상을 받았다. 이 소설은 영화 《붉은 수수밭》으로 잘 알려져 있다. 민초들의 강렬한 항일투쟁과 더불어 일본군의 잔학상을 리얼하게 그려낸 역작이다.

＊ 일본 소설에 대해 잠깐 살펴보자.

1. 일본 문학은 『원씨물어』(源氏物語)가 출발점이다. 11세기에 간행되었는데 세계에서 가장 오래된 소설 중 하나로 꼽힌다. 우리나라에서는 『겐지 이야기』로 출간되었다.

2. 꼭 읽어야 할 책은 나츠메 소세키(夏目漱石)의 『도련님』, 『나는 고양이로다』, 아쿠타가와 류노스케(芥川竜之介)의 『라쇼몬』(羅生門), 가와바타 야스나리(川端康成)의 『설국』(雪國), 미시마 유키오(三島由起夫)의 『금각사』(金閣寺)이다.

3. 역사소설로는 시바 료타로(司馬遼太郎)의 『료마는 간다』, 『항우와 유방: 천하대란』이 읽을 만하다. 나는 이노우에 야스시(井上 靖)의 장편 『풍도』(風濤)를 가장 뛰어난 작품으로 꼽는다.

4. 제2차 세계대전의 참상을 그린 소설은 고미카와 준페이(伍味川純平)의 『인간의 조건』, 야마사키 도요코(山崎豊子)의 『불모지대』(不毛地帶)-후반부는 기업소설로 바뀐다-가 있으며, 원폭 피해자 이야기를 다룬 이부세 마스지의 『검은 비』(黒雨)가 있다.

5. 전국시대 일본 무사에 대한 소설은 제임스 클라벨(James Clavell)의 『쇼군』(將軍 Shōgun 1975)이 대표작이다. 클라벨은 호주에서 태어났으며 미국에서 활동했다. 유명한 대하소설 『대망』(大望)은 야마오카 소하치(山岡荘八)의 『도쿠가와 이에야스』가 출발점이다. 한국에서 번역되면서 복잡하게 구성되었는데…… 전국시대부터 20세기 초까지의 일본을 알고 싶다면 이 책을 읽으면 된다.

그날 하루는
삶의 모든 나날이었다

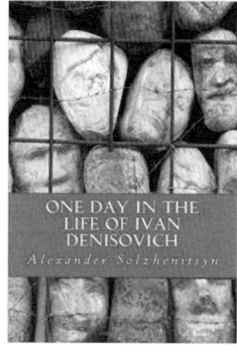

『이반 데니소비치의 하루』
(One Day in the Life of Ivan Denisovich)
알렉산드르 솔제니친 Aleksandr Solzhenitsyn
소련, 1962년

감옥에 가두어야 할 이유는 많다

 수천 명의 사람들이 거대한 체육관에 모여 있다. 이윽고 높으신 양반이 입장한다. 사람들은 모두 일어서 열렬한 박수를 친다. 여기까지는 괜찮다. 그런데 박수라는 것은 시작이 있었기에 끝도 있어야 한다. 아무리 환영의 표시라 해도 무한정 박수를 칠 수는 없다. 그리하여 적당한 시기(길어봐야 1~2분)에 박수는 멈춘다. 이것이 문제가 된다. 식이 끝난 후 정보부는 수천 명 중에 한 명을 붙잡아 족치기 시작한다.
 "왜 박수를 멈추었지? 높으신 양반에 대한 저항 혹은 비웃음의 표시인가?"

"아닙니다. 저는 높으신 양반을 몸과 마음으로 존경합니다. 단지 제 옆 사람이 박수를 멈추어서 저도 어쩔 수 없이⋯⋯."

정보부는 이제 그 옆 사람을 찾아내 족치기 시작한다. 그렇게 꼬리에 꼬리를 물고 추적하여 맨 처음에 박수를 멈춘 불순분자를 찾아내 강제노동수용소로 보낸다. 『수용소군도』에 나오는 이야기의 일부이다. 죄명쯤이야 수십 개도 넘게 붙일 수 있다. 그렇게 하지 않으면 한 사회와 국가를 유지하기 어렵다. 국가 체제를 유지하는 것은 국민의 권리, 행복, 존재보다 앞선다.

수용소 혹은 감옥에 가두어야 하는 이유는 수백, 수천 가지가 넘는다. 다행히 우리나라 이야기는 아니다. 그러나 비슷한 이야기는 적지 않다. 1970년대 유신시절에 한 선생님이 수업 도중에 "남북은 통일되어야 한다"고 말했다. 3일 후 그 선생님은 그 어딘가로 끌려갔다. 그 이유는 무엇이었을까?

아무도 죄가 없으며, 모두 엄청난 죄를 저질렀다

스탈린은 정권을 장악한 후 1925년 무렵부터 무자비한 숙청을 단행하여 대략 2천만 명을 사형, 투옥, 유배시켰다. 경제정책의 실패로 수백만 명이 아사하기도 했다. 제2차 세계대전을 승리로 이끌었으나 전쟁 기간에도 반혁명분자라는 죄명을 뒤집어 씌워 수백만 명을 죽였다. 전쟁이 끝난 후에도 '위대한 혁명 조국'을 만들기 위해 잔인한 학살, 투옥, 숙청, 유형·유배, 추방은 계속되었다.

세니카 클렙신은 독일군과 전투를 치르다가 포로가 되어 부헨발트에 감금당했다. 고문으로 청력을 잃었으나 가까스로 탈출에 성공했다. 그러나 독일군 스파이라는 이유로 수용소로 보내졌다. 안드레이 프로코피예비치는 육군 일병이었으나 아버지가 부농이었기에 군에서 쫓겨나고 수용소에 끌려왔다. 영화감독 체자리 마르코비치는 영화에 공산주의 이념과 다른 표현을 넣었다는 비판을 받아 수용소에 감금되었다. 부이노프스키는 해군 중령이었으나 영국 해군 제독으로부터 선물을 받은 것이 문제가 되어 간첩죄로 수용소에 수감되었다.

시베리아 이곳저곳의 강제수용소 굴라크(Gulag)에 갇힌 사람들의 사연은 제각각이지만 공통점이 있다. 아무도 죄가 없다는 점이다(실제 간첩행위를 한 사람도 있기는 하다). 주인공 이반 데니소비치 슈호프는 평범한 농부였다. 독소전(獨蘇戰)에 참전했고 1943년 독일군에 생포되어 2일 동안 붙잡혀 있다가 귀환했다. 그것이 그의 죄였다.

수용소가 고달픈 이유는 사람이 있기 때문

굴라크는 '국가보안국 교정노동수용소의 주(主)관리기관'이지만 통상 수용소 자체를 의미하는 단어로 쓰였다. 굴라크는 소련 땅에 480여 개가 있었으며 1929~53년까지 1천 8백만 명이 이곳에서 노동을 했고 매년 10%가 사망했다. 사망하지 않는 것이 이상할 지경이다. 굴라크에 갇힌 사람들의 일과는 처참을 넘어 극에 달했다. 시베리아는 얼어붙은 땅, 즉 동토(凍土)이다.

> 도대체 무엇으로 불을 피운단 말인가? 꼿꼿한 동태가 되지 않으려거든 죽어라고 곡괭이를 휘두르는 수밖에 없다. 어느 해 겨울인가는 밑바닥에 낡은 타이어 조각을 댄 짚신 비슷한 물건을 신발이라고 꿰신고 다닌 적도 있었다.

 빈대 투성이의 낡은 담요, 누더기와 다름없는 옷, 몇 숟가락에 불과한 까샤(죽), 썩은 생선과 야채로 수프 흉내를 낸 발란다, 검은 빵 흘렙이 주식이다. 이나마도 풍성한 음식이다. 5일에 하루는 절식일(絶食日)로 정해져 거의 굶주려야 했다.
 이렇게 먹고 늘 영하의 날씨에서 새벽 5시부터 무지막지한 중노동을 해야 한다. 노동자가 얼어 죽으면 손해이기 때문에 그나마 날씨가 너무 추우면 노동이 중단된다. 그 기준은 영하 41도이다. 지구촌의 평범한 사람들이 대부분 접할 수 없는 영하 20도 안팎은 매우 온화한 날씨에 든다. 그러나 거지같은 밥만 먹고 힘들게 노동만 한다 해서 못 살 것은 없다.
 수용소가 고달픈 이유는 그곳에 '사람'이 있기 때문이다. 사람의 최대 적은 사람이다. 권력자, 밀고자, 감시자는 어느 조직에나 있기 마련이고, 그곳이 고달픈 곳일수록 기승을 부린다.

수용소 너머에는 무엇이 있을까

이른바 '감금 문학'이 있다면 『이반 데니소비치의 하루』가 최고 걸작이다. 그 이유는 솔제니친이 직접 수용소에서 강제노동 생활을 했고 그것을 바탕으로 소설이 집필되었기 때문이다. 솔제니친은 포병대위로 동프로이센에서 복무하던 중 친구에게 편지를 보냈는데 스탈린을 비판한 문구가 있었다(그 편지를 당국에 보고한 친구는 누구였을까?). 카리닌그라드에서 체포되어 모스크바 인근의 형무소에 머물다가 카자흐스탄 북쪽의 탄광 수용소로 옮겨졌다. 그곳에서 8년 1개월 동안 석공과 주조공으로 강제노동을 했다.

슈호프의 '하루'는 1년을 있었다 하여도, 100년을 있었다 하여도 똑같은 나날이다. 얼어붙은 침상에서 가까스로 일어나 빈한한 음식을 먹고, 강제노동을 하고, 틈틈이 담배를 얻어 피우고, 수감자들과 좋았던 시절의 이야기를 나누고, 감시자에게 욕을 듣지 않고 무사히 하루를 마치기를 바란다. 그것이 최대의 행복이고 존재의 목적이다. 기적처럼 성경을 숨겨 들어와 몰래 읽는 알료사의 경건함과 위안은 바라지 않는다. 그러면서 얼결에 하나님을 찾는다.

> 하나님, 덕분에 또 하루를 무사히 보냈습니다. 영창에 들어가지 않게 된 것을 감사합니다. 여기서라면 어떻게든 견디어낼 수 있겠습니다.

알료사는 그 말을 무심히 넘기지 않았다.

"이반 데니소비치, 지금 당신의 입에서는 하나님을 찾고 있습니다. 왜 영혼의 소리에 귀를 기울이려 하지 않는 것입니까?"

"어째서냐고? 기도라는 것은 죄수들이 써내는 진정서와 똑같다고 생각하기 때문이지. 퍵 먹은 소식이 되기 일쑤고, 그렇지 않으면 '이유없음'이라고 퇴짜를 맞을 게 뻔하거든."

수용소 본부 앞에 4개의 〈진정서 접수함〉이 붙어 있다. 뭐랄까? 군대의 〈소원수리함〉과 같다.

수용소는 조직의 축소판이고, 사회의 축소판이다. 다른 점은, 원하지 않았는데도 들어왔다는 점뿐이다. 그곳에서 벌어지는 일들과 상황, 인간의 행동은 여느 사회와 다를 바가 없다. 다른 점은, 생의 목표가 없다는 점뿐이다. 그러함에도 굳건히 살아가는 이유는 수용소 너머의 땅에 제한된 자유나마 있기 때문이다. 울타리 너머의 따뜻한 햇볕이 내려쬐는 온토(溫土)에 사랑하는 사람들이 기다리고 있기 때문이다.

솔제니친은 8년 1개월 동안 강제노동을 한 뒤 운 좋게 살아남아 이후 교사를 거쳐 세계적 작가가 되었다. 제104 작업반 수인번호 III-854번 이반 데니소비치는 정확히 10년을 채우고 석방되었다. 3,653일을 이 소설처럼 하루같이 보냈다. 10년이면 3,650일이어야 하는데 왜 3일이 늘어났을까?

더 알아두기

1. 『이반 데니소비치의 하루』는 흐루시초프가 집권한 이후 스탈린을 비판하는 정책이 있었기에 출간이 가능했다. 그러나 훗날 솔제니친이 반체제 소설을 연이어 발표하자 1974년 국외로 추방했다. 감옥에 가두지 못했던 이유는(잠시 레포르토보 감옥에 있었다) 1970년에 노벨문학상을 받은 세계적 작가가 되었기 때문이었다.

2. 러시아어 원제는 『Odin den' Ivana Denisovicha』이다. Odin은 "낮, 주간, 해가 떠 있는 동안, 일광, 하루"의 뜻이다. 이 제목을 『이반 데니소비치, 수용소의 하루』로 번역한 것은 괜한 멋을 부린 듯싶다.

3. 러시아 혁명을 다룬 소설로는 막심 고리키의 『어머니』(Mat)가 가장 유명하다. 『닥터 지바고』를 혁명소설로 분류하기는 어렵다. 러시아 혁명을 가장 잘 알 수 있는 책은 김학준의 『러시아 혁명사』이다.

4. 스탈린과 권력투쟁을 벌이다가 패하여 추방당한 뒤 멕시코에서 사망한 트로츠키(Leon Trotsky)의 『배반당한 혁명』(The Revolution Betrayed)은 스탈린의 실체를 여실히 보여준다.

해서는 안 될,
그러나 했어야만 하는 사랑

『폭풍의 언덕』(Wuthering Heights)
에밀리 브론테 Emily Brontë
영국, 1847년

그를 데려오지 않았어야 한다

　모든 잘못의 출발은 아버지에게 있다. 한 가정의 몰락, 한 기업의 몰락, 한 왕국의 몰락을 거슬러 올라가면 한 명의 남자가 있다. 그 남자는 아들일 수도 있고, 친구일 수도 있고, 신하일 수도 있고, 외부의 침입자일 수도 있다. 그의 정체가 무엇이든 그의 실책, 만행, 어리석음을 바로잡을 수 있었던 유일한 사람은 아버지이다. 그러나 아버지는 그것을 바로잡지 못하고 세상을 떠난다. 그 이후 모든 것은 엉망이 되고 남아있는 사람들은 가슴에 깊은 상처를 안은 채 뿔뿔이 흩어진다. 역사에 등장하는 무수히 많은 몰락들의 근원은 결국 아버지이다.

모든 비극의 출발은 사랑에 있다. 사랑은 한 사람을 인간으로 완성시키고, 삶의 희열을 느끼게 해주며, 세상을 유지시키는 강력한 힘이다. 그 사랑이 순수하고, 아무런 조건을 따지지 않을 때만…… 만약 사랑에 허위와 명예, 조건이 따라 붙으면 그때부터 지옥이 시작된다. 그 지옥을 만든 사람은 자신뿐만 아니라 모든 사람에게 씻을 수 없는 아픔을 준다. 그리고 몰락으로 치닫게 한다.

언쇼(Earnshaw)가 리버풀에서 고아 소년을 데려온 것이 모든 비극의 출발이었다. 그를 사랑하는 소녀는 그 비극의 완성자였다. 철저하게 복수하기 위해 자신마저 파멸시키는 소년은 모든 문학작품의 등장인물 중에서 가장 거칠고, 비열하면서도 가장 안타까운 주인공이다. 그를 폭풍의 언덕으로 데려오지만 않았다면 모든 사람이 행복하게 살았을 것이다. 그래서 나는 아버지 언쇼가 지극히 원망스럽다.

복수의 칼날은 자기 자신에게 향한다

평생 머릿속을 떠나지 않는 소설 속 주인공들이 있다. 『레 미제라블』의 장 발장, 『걸리버 여행기』의 걸리버, 『노틀담의 꼽추』의 콰지모도, 『테스』의 테스, 『바람과 함께 사라지다』의 스칼렛, 『변신』의 잠자, 『부활』의 카츄사, 『아Q정전』의 아Q, 『안네의 일기』의 안네, 『인형의 집』의 노라, 『젊은 베르테르의 슬픔』의 롯데, 『좁은 문』의 제롬, 『햄릿』의 햄릿, 『맥베스』의 맥베스……

이 모든 주인공들은 우리들에게 크건 작건 삶의 교훈을 준다. 때로는 반면교사의 역할도 한다. 하지만 히스클리프(Heathcliff)는 사악하고 거칠기만 하다. 그는 모든 주인공들 중에서 단연 돋보인다. 모든 주인공들이 한꺼번에 덤벼들어도 히스클리프를 이길 수 없다. 초등학교 6학년 때 『폭풍의 언덕』을 읽은 이후 그 이름은 내 머릿속에 깊이 각인되어 한 번도 떠나지 않았다. 그리고 많은 히스클리프를 만났다.

그들은 자기 세계를 파괴하기 바빴다. 구원해준 사람에게 "차라리 나를 내버려두지 그랬느냐"는 항변과 함께 공격을 퍼부었다. 사랑은 애당초 불가능하다는 엄연한 사실을 받아들이지 않으려 했다. 그래서 복수를 꿈꾸고 실행에 옮겼다. 그 복수의 칼날이 겨누는 사람은 결국 자기 자신이었다. 가장 애절하고, 가장 안타깝고, 가장 불쌍하면서 가장 미운 사람이 히스클리프이다. 그러면서도 가장 연민이 간다.

잘못은 신에게도 있다

『폭풍의 언덕』은 언쇼가 히스클리프를 데려온 1771년부터 본격적으로 시작한다. 아들 힌들리(Hindley)는 14살이었고 딸 캐서린(Catherine)은 6살이었으며, 이웃집 아들 에드거 린튼(Edgar Linton)은 9살이었다. 7살 히스클리프가 오지 않았다면 세 아이는 지극히 평범하고, 유복하고, 행복한 삶을 살았을 것이다. 히스클리프는 언쇼로 지칭되는 폭풍의 언덕(Wuthering Heights) 가문과 린튼으로 지칭되는 드러시크로스(Thrushcross) 가문을 황폐화 시켜 버린다.

물론 모든 잘못이 히스클리프에게만 있는 것은 아니다. 이기주의자이며 자존심이 세고 아버지와 달리 인자함은 눈곱만큼도 없는 힌들리의 무자비한 학대도 주요 원인이다. 태생을 알 수 없는 부랑아 고아를 사랑한 캐서린의 잘못은 더욱 크다. 사랑하면서도 그를 저버리고 부와 명예, 체면을 쫓아 에드거와 결혼한 것은 치명적인 실수이다. 그러하지 않았다면 (이 소설은 존재하지 않았을 것이겠지만) 캐서린과 히스클리프는 행복했을 것이다. 힌들러와 그의 아내 프랜시스, 에드거와 그의 여동생 이사벨라(Isabella, 훗날 히스클리프의 아내)도 행복했을 것이다. 하지만 그렇게 순조롭게 흘러가지 못하는 것이 두 가문 사람들의 운명이다. 잘못은 신에게도 있는 것이다.

결국 이 소설은 '……했더라면'이 처음부터 끝까지 독자의 가슴을 후벼판다. 그리고 교훈 하나를 안겨준다. '사랑하는 사람과 결혼하라.' 가문이나, 체면이나, 명예나, 권력이나, 돈이나, 학벌을 따지지 마라. 그러나 현실은 그리 녹록치 않다. 아무리 사랑한다 하여도 출신을 알 수 없는 무식한 고아 청년(실제로는 머슴)과 결혼할 여자가 몇 명이나 되겠는가?

여자는 거의 없다

『폭풍의 언덕』은 18세기 후반부터 19세기 초반이 무대이다. 작가는

19세기 초반에 생존했다. 즉 작가는 시계바늘을 50년 전으로 돌려 두 가문의 처절한 사랑을 그렸다. 18세기는 계몽주의 시대이다. 중세를 지배한 기독교 이념은 차츰 퇴색되었으며 계몽주의는 영국에서 출발했으나 꽃을 활짝 피운 곳은 프랑스였다.

프로이센의 프리드리히 2세, 러시아의 예카테리나 2세, 오스트리아의 마리아 테레지아, 프랑스의 루이(Louis) 왕가가 절대 권력을 쥐고 있었고, 영국에서는 산업혁명이 일어나 공업국으로 발전하기 시작했다. 그리고 프랑스 대혁명의 발발로 구세대(Ancienrgime)가 몰락했으며 미국이 독립했다.

이 시대의 인물로는 다니엘 디포, 조나단 스위프트, 데이비드 흄, 스피노자, 라이프니츠, 칸트, 볼테르, 몽테스키외, 나폴레옹, 조지 워싱턴, 시몬 볼리바르, 마르크스와 엥겔스, 괴테, 하이네, 빅토르 위고, 푸슈킨, 스탕달, 베토벤, 쇼팽 등을 들 수 있다. 여자는 거의 없다.

빅토리아 여왕(Queen Alexandrina Victoria)은 브론테보다 1년 후인 1819년에 태어나 1901년까지 영국을 통치했다. 그녀는 재위 시에 '해가 지지 않는 나라'인 대영제국을 건설했다. 그러나 여성의 지위를 높이는 성과는 올리지 못했다. 정치, 경제, 과학, 예술 등 모든 분야에서 남성들의 독무대인 시대에 에밀리 브론테는 가히 독보적인 존재라 할 수 있다.

"등장인물 또한 흉측하고 음산하다"

『폭풍의 언덕』은 "발표 당시에는 그리 관심을 끌지 못했고, 심지어 내용이 지나치게 야만적이고 비윤리적인데다 등장인물 또한 흉측하고 음산하다는 혹평을 받았다"고 소개되어 있다. 내용이나 표현기법이 문제가 아니라 1847년에 여성이 장편소설을 썼다는 사실을 남자들이 인정하지 않으려 했을 것이다.

그 혹평을 이겨내고 『폭풍의 언덕』은 고전 명작이 되었다. "등장인물 또한 흉측하고 음산하다"는 평은 어쩌면 히스클리프를 지칭한 것이리라. 그러나 히스클리프가 아니었다면 이 소설은 살아남지 못했을 것이다. 그런 의미에서 못된 남자 히스클리프와 그를 사랑했으나 끝내 받아들이지 못한 가녀린 캐서린은 현대를 살아가는 우리 모두의 서글픈 자화상이다.

기드 모파상은 『여자의 일생』(A Woman's Life) 마지막에서 이렇게 결론지었다.

> "인생이란, 사람들이 생각하는 것처럼 그렇게 행복한 것도 불행한 것도 아니지요."

이러한 두루뭉술한 말은, 한평생을 다른 사람을 사랑하면서 비극적으로 살다간 여자 캐서린의 일생에는 아무런 위안이 되지 못한다.

🥐 더 알아두기

1. 에밀리 브론테는 1818년 태어나 폐병으로 1848년에 30세의 나이로 사망했다. 『폭풍의 언덕』은 대표작이며 유일작(唯一作)이다. 처음에는 엘리스 벨(Ellis Bell)이라는 필명으로 발표되었다. 그녀의 고향 북부 요크셔의 황량한 고원이 소설의 무대가 되었다. 언니 샬럿 브론테(Charlotte Bronte) 역시 『제인 에어』(Jane Eyre)를 쓴 소설가이다. 39살에 사망했다.

2. 이 소설은 윌리엄 와일러(1932)를 시작으로 피터 코스민스키(1992), 코키 지드로익(2009), 안드리아 아놀드(2011)까지 여러 감독에 의해 영화로 제작되었다. 가장 첫 작품인 윌리엄 와일러(William Wyler)의 흑백영화를 권한다. 유튜브에서 무료로 볼 수 있다.

3. 세계사에 등장하는 –내가 파악하기에- 최초의 여류소설가는 스탈 부인(Madame de Stael 1766~1817)이다. 제네바에서 태어나 귀부인의 삶을 살았고, 괴테와도 교류했다 한다. 『코린느』(Corinne)라는 소설을 1807년에 썼다고 하는데 읽지는 못했다.

4. 여성 작가의 소설은 콜린 매컬로(호주)의 『가시나무새』(The Thorn Birds), 루이제 린저(독일)의 『고원의 사랑』(Die Hochebene), 『생의

한가운데』(Mitte des Lebens), 펄 벅의 『대지』, 마가렛 미첼의 『바람과 함께 사라지다』, 제인 오스틴(영국)의 『오만과 편견』(Pride and Prejudice), 미우라 아야코(三浦綾子)의 『빙점』(氷點) 등이 유명하다.

5. 독일의 여류 소설가 루이제 린저(Luise Rinser)는 나치 독일을 찬양하는 시를 썼다는 논란이 있으며, 북한을 여러 차례 방문해 김일성을 만났다.

6. 프랑스 작가이자 철학가인 시몬느 드 보부아르의 『초대받은 여자』(L'Invitée)와 『계약결혼』(La Force de L'age)은 한때 여성 독자의 사랑을 받았다. La Force de L'age는 '나이의 힘'이라는 뜻이다. 두 권 모두 시중에서 구매가 어렵고 도서관이나 헌책방에서 구할 수 있다.

7. 그 유명한 『누가 버지니아 울프를 두려워 하랴』(Who's Afraid of Virginia Woolf?)는 에드워드 올비(Edward Albee, 미국)의 장편 희곡이다. 박인환은 시 '목마와 숙녀'에서

"한 잔의 술을 마시고/우리는 버지니아 울프의 생애와/목마를 타고 떠난 숙녀의 옷자락을 이야기한다"

라고 노래했다.

버지니아 울프는 영국의 여류소설가이다. 『댈러웨이 부인』(Mrs. Dalloway), 『등대로』(To the Lighthouse)가 널리 알려져 있다. 1990년대 초반에 장편 『세월』(The Years)이 베스트셀러가 된 적이 있었다. 1937년에 발표된 소설이 근 60년의 세월을 뛰어넘어 갑자기 한국에서 왜 베스트셀러가 되었는지, 지금도 수수께끼이다.

인생은 미쳤고, 예술은 바보짓이다

『달과 6펜스』(The Moon and Six pence)
서머셋 모옴 William Somerset Maugham
영국, 1919년

비참함은 예술가의 숙명일까

"꼭 그래야만 했을까?"라는 의문이 강하게 든다. "더 좋은 방법이 분명 있었을 텐데……"라는 아쉬움도 든다. 그 의문과 아쉬움을 묵살하고 "예술가는 보통의 평범한 사람들과 다를 수밖에 없다"라는, 공인받지 못한 명제를 받아들여야 한다고 이 소설은 매우 멋진 문장과 철학을 곁들여 강요한다. 반박하고 싶지만 점점 나락으로 떨어지는 화가 지망생을 보며 이것이 그의 운명이로구나, 한편으로는 수긍하고, 한편으로는 애처로워진다.

제목마저도 극히 예술적인 『달과 6펜스』는 예술에 대한 사색과 인물 추적기를 아우른 종합 보고서이다. 전반부는 약간 지루하고 중반에 잠깐 위안을 받기는 해도 후반에서는 우울해진다. 슬퍼서 눈물이 난다. 그래서 예술가들, 특히 화가들이 측은해지고, 누군가 그림을 그리겠다고 하면 말리고 싶은 마음이 든다.

그림 한 장에 수십억, 심지어 수백억 원에 판매되었다는 뉴스가 나오면 사람들은 '화가들은 모두 부자'라 생각한다. 그러나 세상에서 가장 가난한 직업군이 예술가들이다. 100만 원짜리 그림을 1년에 1점도 팔지 못하는 사람이 태반이다. 그럼에도 불구하고 사람들이 예술가를 높이 평가하는 이유는 그들이, '자신이 하지 못하는 예술을 하기' 때문이다.

어처구니없는 것은 비참하게 죽은 화가일수록 더 추앙을 받고 그림 값이 한없이 비싸다는 사실이다. 현재 거래되고 있는 그림 값의 1000분의 1만이라도 생전에 받았다면 그 화가는 그토록 비참한 삶을 살지 않았을 것이다. 그러나 이것이 예술가의 숙명인가?

이유 같지 않은 이유로 사라진다면?

부모들은 자식들이 성공하기를 바란다. 1)돈을 많이 벌고, 2)권력을 잡고, 3)이름을 날리기를 바란다. 하고 싶은 것보다는 사회적으로 인정받는 안정적인 일을 하라고 강요한다. 그것이 행복의 지름길이라고 강조한다. 대부분은 그 강요를 따른다. 그러나 "난, 내가 하고 싶은 일을 할 거에요" 소리치며 자신이 하고 싶은 일을 하는 못된 돌연변이 자식이 있다. 그들 덕분에 세상은 발전하지만 그 과정은 너무 힘들고, 어렵고, 고난의 가시밭길이며 비웃음이 가득하다. 다행인지 불행인지 세상은 변하고 또 변해서 "하고 싶은 일을 하라"고 격려하는 부모들이 늘어나고 있다. 내가 보기엔 그 부모가 진보적이고 전향적인 사고를 가져서가 아니라 '자식을 이길 수 없어서'이다.

만약 증권회사를 잘 다니던 과묵하고 가정적인 남편이 어느 날 갑자기 사라지고 며칠 후에 편지로 이별을 통보한다면 어떻게 하겠는가? 그 이유가 여자와 함께 도망을 쳤다면, 즉 정사(情事)의 문제라면, 문제는 아주 쉽다. 길면 2~3년 후에 돌아오기 때문이다. 하지만 '그림을 그리기 위해서'라면 어떻게 대처하겠는가? 전혀 엉뚱한, 그야말로 이유 같지 않은 이유로 이별(이혼)을 통보하고, 직장도 그만두고, 자식도 팽개치고, 돈도 남겨놓지 않고 홀연히 사라졌다면 어떻게 하겠는가?

'돈'과 '꿈' 사이에서 방황하는 사람들

찰스 스트릭랜드는 그렇게 사라졌다. 런던에서 홀연히 사라져 파리로 간다. 소문이 뒤를 따른다. 시내의 어느 다방에서 일하던 젊은 여자가 바로 얼마 전에 다방을 그만두었다나 봐요, 또는 엠파이어극장의 발레 공연에서 본 프랑스 무용수에게 반하여 마침내 함께 파리로 도망쳤다는 것이다…… 그 소문 덕분에 곤경에 처한 스트릭랜드의 아름다운 아내는 젊은 작가에게 '파리로 가서 남편을 만나 다시 집으로 돌아오도록 설득해 줄 것'을 부탁한다. 작가는 덕분에 파리로 가면서 이렇게 생각한다.

> 그녀가 남편이 돌아오기를 바라는 것은 남편을 사랑하고 있어서인지 아니면 세상이 수군거릴 게 두려워서인지, 나는 갈피를 잡을 수 없었다.

그러나 남편은 그딴 것에는 눈곱만큼도 관심이 없었다. 파리의 뒷골목에서 어렵사리 만나 "도대체 부인은 앞으로 어떻게 살아가란 말입니까?" 비난하자, 즉각 답이 돌아왔다. "17년간이나 벌어 먹였으니 이젠 자기 손으로 벌어먹을 수도 있을 것 아니오?" 틀린 말은 아니다. 작가는 한참이나 논쟁을 벌이다가 "도대체 왜 집을 나오셨습니까?" 묻는다. 답이 황당하다.

"그림을 그리려고요."

미친 짓이다. 단지 '그림 나부랭이'를 그리기 위해 가정과 직장을 팽개친단 말인가? 직장을 다니면서 그림을 그리면 안 된단 말인가? 가정을 지키면서는 그림을 못 그린단 말인가? 그렇다면 이 세상의 모든 화가는 결혼을 해서는 안 된단 말인가? 방법을 찾아보면 해결책은 얼마든지 나올 수 있다. 아내가 돈을 벌고 남편은 그림을 그릴 수도 있다. 하지만 찰스는 그 방법은 애초부터 생각조차 하지 않았다. 그가 모든 것을 팽개친 이유는 단순했다.

"어렸을 때 화가가 되고 싶었는데, 아버지가 화가가 되면 가난에 쪼들린다고 강제로 나를 장삿길로 들어서게 한 거요. 그래서 한 1년 전부터 조금씩 그리기 시작하여 그동안 줄곧 밤에 그림 공부를 하러 다녔죠."

아, 슬프다! 동서고금을 막론하고 아버지들은 아들(자식)이 돈을 벌어 잘 살기를 바란다. 화가를 택하여 가난하게 살지 않기를 바란다. 찰스는 아버지 말에 순종했고, 증권회사 직원이 되었고, 결혼도 했다. 그러나 어렸을 때의 꿈을 되찾기 위해 그 누구도 이해하지 못하고(심지어 작가인 화자조차), 공감하지 못하는 행동을 저질러버린 것이다. 작가는 또 비난한다.

"하지만 당신은 나이 마흔이 아닙니까?"

이 비난은 옳다. 그러나 찰스의 대답은 더 옳다.

"그러니까 더 이상 꾸물거릴 수 없었던 거요."

내가 읽은 가장 슬픈 소설

이 소설이 뛰어난 이유는 독자에게 질문을 던져주기 때문이다. 자신의 꿈을 위해 현재의 안위를 버리는 것이 옳은지, 아니면 인간으로서의 책임을 다하기 위해 가정과 사회에 열심인 것이 옳은지에 대한 문제를 제기한다. "꿈을 찾아가라"고 외치는 사람이 더 많을 것이겠지만 현실은 그리 녹록치 않음을 우리는 알아야 한다. 또 다른 이유는, 예술이란 과연 무엇인가? 사람들은 예술을 어떻게 인식하고 있는 가에 대한 단서를 제공한다.

- 머지않아 틀림없이 백합꽃이 핀다고 생각하고 부지런히 아스팔트 포도 위에 물을 준다는 것은, 시인이나 성자가 아닌 이상 생각할 수도 없는 일이다.
- 사람은 영혼의 안정을 구하기 위해 매일 자기가 좋아하지 않는 일을 두 가지씩 하는 것이 좋다. 나도 이 교훈을 잘 지켜오고 있다. 매일 아침 마지못해 일어나고 저녁에는 잠자리에 드는 일이 바로 그것이다.
- 작가란 창작의 기쁨과 가슴속의 울적한 생각을 토로하는 일을 그 보수로 여길 뿐, 그 밖의 일에는 무관심해서 칭찬을 받건 비난을 받건, 성공을 하건 실패를 하건 전혀 개의치 않는다.

이러한 명문장들이 무수히 등장한다. 등장인물도 실존했던 화가와 가상의 인물이 혼합되어 있어 지식의 범위를 넓혀준다. 타히티 섬의 묘사와 토인(책 그대로의 표현)들에 대한 묘사도 무척 아름답고, 흥미롭다. 그래서 재미있다. 그러나 결말로 갈수록 기쁨과 우울함이 마구 뒤섞여 있다. 그래서 나는 '내가 읽은 가장 슬픈 소설'로 꼽는다.

위안이 되는 것은 세상 사람들에게 예술가의 마음을 조금이나마 알려주었다는 점이다. 그러나 자신의 꿈을 향해 용감히 돌진했음에도 찰스 스트릭랜드보다 더 비참한 삶을 사는 예술가는 여전히 많다. 그래서 슬프다.

더 알아두기

1. 이 소설은 프랑스 화가 폴 고갱(Paul Gauguin 1848~1903)을 모델로 했다. 아버지의 이른 사망 – 떠돌이 생활 – 한때의 행복한 생활 – 가난 – 고행 – 이별 – 질병 – 우울증 – 자살 시도를 거쳐 심장마비로 사망했다.

2. '6펜스'는 우리나라의 1원짜리 동전과 같다. 과거 영국은 화폐단위에 12진법을 썼기 때문에 6펜스, 12펜스로 돈이 만들어졌다. 20세기 들어 10진법을 채택하면서부터 1, 10, 100펜스 단위로 바뀌었다. 6펜스는 아주 작은 돈, 사소한 것, 그러면서도 현실적인 것을 의미한다고 말하지만…… 해석은 각자의 몫이다. '달'의 의미 역시 마찬가지다.

3. 그림을 주제로 한 소설은 트레이시 슈발리에의 『진주 귀고리 소녀』(Girl with a Pearl Earring)가 있다. 네덜란드 화가 요하네스 페르메이르(Johannes Jan Vermeer)의 작품을 모태로 했다.

4. 예술가를 주인공으로 다룬 소설로는 제임스 조이스(아일랜드)의 『젊은 예술가의 초상』(A Portrait of the Artist as a Young Man)이 유명한 작품이지만 읽기는 쉽지 않다. 화가의 마음세계를 알 수 있는 책은 빈센트 반 고흐의 『고흐의 편지』, 시인의 세계를 다룬 책

은 안토니오 스카르메타(칠레)의 『네루다의 우편배달부』(El Cartero de Neruda)가 있다.

5. 한국 작품으로는 박완서의 『나목』(裸木)을 권한다. 이외수의 『들개』는 개 그림에 미친 남자가 주인공이다.

6. 고흐의 삶과 예술세계를 가장 잘 알 수 있는 영화는 2017년에 개봉한 〈러빙 빈센트〉(Loving Vincent)이다. 그림으로 제작된 영화이다.

'구원받은 아기'로 돌아갈 수 있을까

『부활』(Voskresenie)
톨스토이 Lev Nikolayevich Tolstoy
러시아, 1899년

　모스크바에서 남쪽으로 약 400km를 가면 보로네슈라는 도시가 나온다. 이곳을 빙 둘러 흐르는 강이 돈(Don) 강이다. 미하일 숄로호프의 장편 『고요한 돈강』은 이곳을 무대로 한다. 그곳에서 또 남쪽으로 40km를 더 가면 코스텐키(Kostenki)라는 마을이 있다. 1879년에 처음으로 구석기 유적이 발굴된 이래 다량의 유적이 출토되었다.

　이곳에 살았던 현생인류는 그리말디인(Grimaldi man)으로 추정된다. 약 4만 년 전에 살았을 것이며, 이(齒)의 구조나 튀어나온 턱, 긴 팔로 보아 니그로(Negroid) 인종의 조상으로 파악된다. 한편으로는 크로마뇽(CroMagnon)과 같은 인류라고도 할 수 있다. 세계 역사에서 처음으로 러시아가 등장하는 시기이다.

제2부 명작으로의 여행　163

러시아는 장구한 시간 동안 다양한 사건과 변혁을 거치면서 엄청난 영토를 차지해 한때 세계 1~2위를 다투는 강대국으로 발돋움했다. 그러나 불과 300년 전만 해도 무지몽매하고 야만적인 국가였다. 러시아의 바탕을 이루는 키예프 공국(Kievskaya 公國)은 9세기 말에야 겨우 세워졌다. 250년 동안 몽고의 지배를 받다가 1300년대 들어 독립했으며, 16세기 후반에 시베리아로 본격 진출하기 시작했다.

절대왕정과 농노제에 의해 유지되던 러시아를 근본적으로 개혁시킨 사람은 표트르 1세(Pyotr I ,1682~1725)이다. 대대적인 근대화에 착수하여 서유럽의 제도와 문화, 기술을 도입했고, 스웨덴과의 북방전쟁에서 승리해 발트해 연안을 획득했으며, 근대적 군대 양성, 세제 개혁 등을 실시했고, 산업을 육성시켰다. 그리하여 동양적 은둔에서 벗어나 유럽 열강의 하나로 만드는 데 성공했다.

'인물의 창출'이 걸작과 졸작의 갈림길

러시아는 고전음악과 문학에서 걸출한 인물들을 배출했다. 쇼스타코비치, 림스키코르사코프, 무소르그스키, 보로딘, 미하일 글린카, 스트라빈스키, 차이코프스키 등이 고전음악의 대가들이다. 반면 철학자와 사상가는 미미하며 경제학자도 거의 나오지 않았다. 이는 정치적 상황에 따른 결과로 풀이된다. 미술 부분도 약하다고 할 수 있는데 평범한 사람들이 알 수 있는 화가는 샤갈과 칸딘스키뿐이다. 그에 비해 문학 부분에서는 엄청나게 많은 세계적 작가들이 배출되었다. 그런 의미에서 신은 인간뿐만이 아니라 각 나라에도 골고루 특정 분야를 나누어 준 것 같다.

러시아 문학의 양대 산맥은 도스토옙스키와 톨스토이이다. 문학에서 소설은 기본적으로 이야기이고, 두 사람은 세계 역사상 가장 탁월한 '이야기꾼'이다. 두 사람의 소설은 재미가 있으며 역사, 철학, 인물(주인공)이 담겨 있고 문장력 또한 뛰어나다. 모든 소설에는 인물이 등장하지 않는가? 라고 반박할 수 있으나 인물을 창출해내지 못한 소설이 더 많다. 걸작과 졸작의 차이점은 인물이 있느냐, 없느냐로 판가름 난다. 내 관점에 의하면, 전 세계 수많은 소설의 80% 이상은 인물을 창출해내지 못했다.

여섯 개의 이름으로 불린 여자

그녀는 비참한 과정을 통해 이 세상에 태어났다. 스뻬손냐야(구원받은 아기) – 첸카로 – 카치카 – 카츄사 – 류보브라는 이름으로 불리었다. 정식 이름은 예카테리나 마슬로바이다. 7년 동안 사창가에서 공인 받은(당시 러시아는 창녀 제도를 인정했다) 창녀로 활약했다. 18살에 여주인의 조카이자 부유한 공작(公爵)인 대학생에게 처음으로 처녀를 잃었다. 그 보상으로 100루블을 받았다. 이후 늙은 경찰서장 – 산림 감독원 – 중학교 6학년 남학생 – 늙은 소설가 – 젊은 점원을 거쳐 사창가

창녀가 되었다.

"검은 비로드로 장식한 밝은 황금빛 비단옷, 등과 앞가슴을 깊게 판 깃없는 야회복을 입을 수 있을" 것이라 생각했기 때문이었다. 나아가 "자기를 배신한 남자(대학생)와 자기를 버리고 간 점원과, 그리고 그 외에 자기를 괴롭힌 모든 남자들에게 복수할 수 있다"고 생각했기 때문이었다. 7년 동안 그녀를 거쳐간 남자는 젊은 사람, 중년 남자, 애송이, 늙은이, 독신자, 기혼자, 장사치, 점원, 아르메니아인, 유대인, 타타르인, 부자, 가난뱅이, 건강한 사람, 군인, 문관, 대학생, 중학생 등등 온갖 계급과 연령, 갖가지 성질의 남자들이었다.

8년째가 되던 26살 때 중급 상인 페라폰트 예밀리야노비치 스멜리코프를 만나지 않았다면 적어도 7년은 더 창녀 생활을 했을 것이며, 그 후에는 포주가 되어 다른 비참한 여자들을 꼬드겨 창녀가 되도록 만든 후 돈을 뜯어먹는 삶을 연명하면서 천수를 누렸을 것이다. 그러나 운명은 그렇게 태평스레 놓아두지 않았다.

이대로 내버려 둘 수 없어!

근위대 중위 드미트리 이바노비치 네플류도프 공작은, 부자이고 사회적 명망이 높은 코르차긴 일가의 딸 M. 코르차기나와 결혼을 앞두고 있었다(그렇게 소문이 났다). 그럼에도 귀족 회장의 부인 마리야 바실리예브나와 은밀한 관계를 맺고 있었다. 다행인지 불행인지 어느 장교가 마리야의 꽁무니를 열심히 쫓아다니고 있어서 곧 해방될지도 모른다는 희망(한편으로는 질투심)을 안고 있었다. 대토지를 소유한 네플류도프는 "토지는 사유재산의 대상이 될 수 없다"는 신념을 한때 갖고 있었기에 농민들에게 땅을 나누어 주기까지 했다.

188X년 4월 28일, 코르차기나와 미술전람회에 가려 했으나 배심원으로 참석하라는 명령을 받았다. 그렇지 않으면 벌금 300루블을 내야 했으므로 약속을 취소하고 재판정으로 향했다. 그곳 배심원석에서 독살사건을 일으킨 세 명의 피의자를 처음으로 보았다. 그중 주범인 마슬로바(카츄사)와는 세 번째 만남이었다.

"아니야, 그럴 리가 없어."

네플류도프는 두 번째 만남을 떠올렸다.

> 속옷만 입은 채 두 팔을 드러내 놓고 있는 카추샤를 번쩍 안아들고 문 밖으로 무턱대고 나왔다.
> "어머나, 왜 이러세요?"
> 그녀는 속삭였다. 그러나 그는 그 말에 귀도 기울이지 않고 그녀를 자기 방으로 안고 들어갔다.
> "아이, 안 돼요. 놓아 주세요."
> 그렇게 말하면서도 그녀의 온몸은 그에게 더욱 바싹 다가갔다.

네플류도프는, 그녀는 죄가 없다고 확신한다. 그러나 형법 제771조 제3항, 제776조, 제777조 및 형법 제28조에 의거해 마슬로바는 '공민

권과 일체의 재산권을 박탈 당하고 4년의 징역'에 처해진다. 네플류도프는 중얼거린다.

"이대로 내버려 둘 수는 없어!"

두 번째 남자와 첫 번째 남자

재판이라는 것은 아무리 공정하게 진행된다 하여도 그 누구도 만족시키지 못한다. 풍자소설 『가르강튀아와 팡타그뤼엘』을 쓴 라블레(François Rabelais)는 "주사위를 던져서 짝수가 나오면 원고가 이기고, 홀수가 나오면 피고가 이긴다"는 어이없는(한편으로는 수긍이 가는) 이야기를 했다. 마슬로바가 유죄 판결을 받은 것은 배심원들이 유죄·무죄 여부를 놓고 토론을 벌이는 일을 지루해 했기 때문이다.

한 여자가 다섯 명의 남자에게 강제 윤간을 당했다. 이 경우 다섯 명은 똑같은 벌을 받지는 않는다. 첫 번째 남자는 "나는 강간을 했을 뿐 윤간은 하지 않았다"고 주장할 수 있기 때문이다. 세 번째 남자는 "나는 두 번째 남자를 따라 했을 뿐이다"고 주장할 수 있다. 즉 윤간은 두 번째 남자로부터 시작되었기 때문에 그가 가장 큰 벌을 받을 수 있다.

마슬로바의 삶에서 두 번째 남자는 늙은 경찰서장이다. 그러므로 그가 가장 큰 벌을 받아야 하지만 모든 근원은 첫 번째 남자 네플류도프에게 있다. 그 스스로 그렇게 생각하기에 유부녀와의 불륜을 청산하고 죄없는 마슬로바를 보살피기 위해 새로운 삶을 시작하지만……
그녀의 인생이 순수하고 평범했던 시절로 다시 돌아가지는 못한다.

구원받아야 하는 사람이 마슬로바인지 네플류도프인지는 그 누구도 판단 내릴 수 없다. 만약 마슬로바가 구원을 받았다면 생애 첫 이름인 '스빠손나야'로 부활하는 것이리라.

더 알아두기

1. 톨스토이는 이 소설에서 러시아정교(Russian Orthodox Church)를 비판했다는 이유로 1901년 종무부(宗務部)로부터 파문당했다. 톨스토이는 "신을 거역해서 교회를 버린 것이 아니라 영혼의 온 힘을 다해 그를 섬기기 위해 버렸다"고 말했다.

2. 1909년 남아프리카에서 인권 활동을 하는 인도인 변호사 간디가 편지를 보냈고 두 사람은 오랫동안 서신을 주고받았다. 간디의 비폭력주의는 톨스토이 작품에서 유래되었다. 그런 의미에서 간디는 문학속의 가르침을 실천한 '위대한 본보기'라 할 수 있다.

3. 『부활』은 『전쟁과 평화』나 『안나 카레니나』보다 문학 수준이 떨어진다는 평을 받지만 일반적으로 읽기에는 『부활』이 적합하다.

4. 톨스토이가 노벨문학상을 받지 않은 것에 대해 의문을 제기하는 사람들이 많다. 노벨평화상에 4번, 문학상에 16번 후보로 올랐으나 탈락되었다. 그에 대한 추론 글이 많은데 진실이 밝혀진 것은 없다. 다만 "노벨위원회가 보수적"이라는 설명이 설득력을 얻는다. 82세의 나이에 집을 떠나 작은 간이역 아스타보프에서 사망한 행력(行歷)으로 추정컨대 톨스토이는 노벨문학상에 그다지 신경 쓰지 않았을 것이다.

고독하지 않은 죽음은 없다.
다만 쓸쓸할 뿐

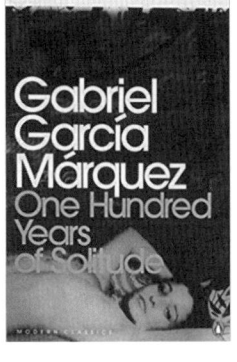

『백년 동안의 고독』
(One Hundred Years of Solitude)
가브리엘 가르시아 마르케스 Gabriel García Márquez
콜롬비아, 1967년

고달픈 여정 끝에 맞닥뜨리는 것은

우선 세계지도를 펼쳐라. 지도가 없다면 인터넷 구글맵(Google Maps)으로 들어가면 된다. 라틴아메리카로 가라. 오른쪽에 영토대국 브라질이 있고 그 위와 옆, 아래쪽으로 베네수엘라, 콜롬비아, 페루, 볼리비아, 파라과이, 아르헨티나 등등이 있다. 1500년대에 유럽 강대국들이 라틴을 식민지로 삼을 때 대륙을 거의 수직으로 나눠 오른쪽은 포르투갈이, 왼쪽은 스페인이 차지했다. 그래서 브라질은 포르투갈어가 공용어이고, 왼쪽의 나라들은 스페인(西班牙)어가 공용어이다. 물론 일부는 네덜란드어를 사용하고 과라니(Guarani) 말을 사용하기도 한다. 라틴 사람들은 러시아 사람들과 마찬가지로 영어에는 관심이 없다.

라틴에 가는 방법은 보통 두 가지다(가장 좋은 방법은 배 한 척을 사서 부산을 출발해 태평양을 지나 페루의 리마에 도착하는 것이다). 첫째는 비행기로 서울을 출발해 아랍에미리트의 아부다비에 착륙한 후 다른 비행기로 갈아타고 아프리카 상공을 지나 대서양을 건너 브라질 상파울로에 도착하는 것이다. 둘째는 비행기로 서울을 출발해 태평양을 건너 미국 뉴욕에 도착한 후 다른 비행기로 갈아타고 브라질 상파울로에 도착하는 것이다(미국 입국이 불허되는 사람은 두 번째 노선을 절대 택할 수 없다). 만약 파라과이를 가야 한다면 상파울로에서 아순시온으로 가는 비행기를 한 번 더 타야 한다.

어떤 방법을 택하든 죽을 만큼의 고달픈 여정이다. 시간에 대한 개념이 완전히 상실되기 때문에 시계 바늘을 현지에 맞출 필요가 없다. 4~5번 이상의 기내식만으로 끼니를 이어야 하므로 환승 공항에서 두둑이 먹지 않으면 현기증과 함께 울렁거림이 일어난다. 그렇게 도착한 라틴은 어떤 곳일까?

부자와 빈자를 구별하는 특별한 방법

거의 대부분의 사람들이 물통(우리나라에서 사용하는 예쁜 바틀이 아니다)을 들고 다닌다. 플라스틱 물통을 들고 다니는 사람은 빈자이고, 가 죽으로 감싼 멋진 물통을 들고 다니는 사람은 부자이다. 빈부는 옷이나 자동차로 구별되지 않고 들고 다니는 물통으로 구분한다. 물통 옆에는 컵 하나가 매달려 있다. 역시 빈자의 컵은 싸구려 플라스틱이고, 부자의 컵은 물소뿔로 조각한 멋진 컵이다. 그 컵에 잎을 집어넣고 찬물을 부은 후 빨대로 빨아 마신다. 그 물이 '마테(Mate)차'이다. 라틴 사람들은 그 물을 하루 종일, 평생 마신다.

"다이어트에 효과가 있나요?"

"생전 처음 듣는 소리인데요."

A와 B가 만나면 탁자(혹은 돌멩이) 위에 컵 하나를 올려놓는다. 마테 잎을 넣고 물을 부은 후 A가 먼저 빨대로 쪽쪽 빨아 마신 후 물을 부어 B에게 건넨다. 그러면 B가 그 물을 빨대로 쪽쪽 빨아 마신 후 다시 물을 부어 A에게 건넨다. 이 과정이 계속 반복된다. 사용하는 빨대는 하나이다. 그렇게 마테차를 마시면서 이야기를 나눈다. 다섯 명이 모여도 컵과 빨대는 순차적으로 하나만 돌아간다.

다행히 나에게는 별도의 종이컵에 냉수를 따라주었다. 손님 대접을 하는 것이었다. 나는 너무 궁금해서 묻지 않을 수 없었다.

"각자의 빨대가 있는데 왜 하나만 사용합니까?"

상대는 몹시 의아한 표정으로 대답했다.

"한 가족인데 뭐가 어떻습니까."

"가족이 아니라 친구인데……"

"어렸을 때부터 친하게 지내서 가족이나 마찬가지입니다."

가족이란 무엇일까?

마콘도는 저주받은 땅인가, 축복의 땅인가

『백년 동안의 고독』은 두 가족(가문)의 이야기다. '아르카디오' 가문은 호세 아르카디오 부엔디아로 대표되며 쾌락과 모험을 즐긴다. 아우렐리아노 부엔디아 대령으로 대표되는 '아우렐리아노' 가문은 숭고한 이념을 추구하는 가문이다. 성향이 어떠하든 둘 모두 비극적이다. 마르케스를 이를 고독으로 비유했다.

호세 아르카디오 부엔디아는 스스로 밤나무에 매달려 미친놈처럼 행동하다가 죽는다, 우르술라는 치매, 실명된 상태에서 몸이 쪼그라들어 죽는다, 호세 아르카디오는 가족이 아닌 여동생 레베카와 결혼했으나 느닷없이 사인 불명으로 죽는다, 아우렐리아노 부엔디아 대령은 총에 맞아 죽는다, 그의 아내이자 시장의 막내딸은 요절한다, 레베카는 홀로 살다가 죽는다, 레메디오스는 쌍둥이를 임신했지만 독을 먹고 죽는다, 크레스피는 자살한다, 아마란타는 처녀로 죽는다, 아르카디오는 전쟁이 끝난 후 총살당한다, 미녀 레메디오스는 이불에 쌓여 승천(?)한다, 쌍둥이 아우렐리아노 세군도와 호세 아르카디오 세군도는 동시에 죽는다, 아마란타 우르술라는 출산 후 과다출혈로 죽는다, 그녀의 아들은 개미들에게 뜯어 먹혀 죽는다.

불행하고 고독한 죽음을 당하지 않는 사람이 거의 없다. 왜 그럴까? 마콘도(Macondo)는 가상의 세계이다. 소설 속 가상의 세계로서 독자들에게 널리 알려져 있다(한국에서 가장 유명한 곳은 김승옥의 『무진기행』의 무진이다). 고독한 죽음의 이유는 집시 멜키아데스의 양피지에 담겨 있다. 그러나 아우렐리아노 바빌로니아(Aureliano Babilonia)가 양피지를 해독하고 진실을 깨닫는 순간 마콘도는 사라져버린다. 바빌로니아는 페르난다의 딸 메메와 그녀의 애인 사이에서 태어난 사생아이다. 왜 하필 그가 양피지를 해독하는지도 의문이다. 그곳이 저주받은 땅인지, 축복의 땅인지 그 진실은 아무도 알 수 없는 것이다.

라틴은 500년 넘게 유럽인과 원주민의 피가 뒤섞여 외모만으로 서구인지, 라틴인지 구분이 어렵다. 라틴 대륙은 평화롭고 온화하고, 아름다운 땅이었으나 제국주의의 침탈과 미국식 자본주의의 침투로 고달픈 역사를 겪어왔다. 마르케스는 100년을 피력했지만 500년 동안 고독하게 자신을 지켜내기 위해 몸부림을 친 것이다. 이 소설은 그것에 대한 위안이라 할 수 있다.

벽화와 마테차 사이에서

멕시코, 브라질, 파라과이, 콜롬비아 등지를 여행하면 벽화가 엄청나게 많다는 사실을 발견할 수 있다. 유치하고 반항적인 그래피티(graffiti)도 있으나 대부분은 아트의 수준까지 올라간 벽화들이다. 예술성을 떠나 그토록 많은 벽화를 그리는 이유는 잃어버린 시대에의 향수 혹은 사라져버린 이상향 마콘도에 대한 동경인지도 모른다.

이 책의 등장인물들은 독자를 곤경에 빠뜨린다. 인물도 많은데다가 이름이 비슷하고, 성격이 지나치게 극단적이어서 초반부를 채 지나기도 전에 누가 누구인지 구분이 어렵다. 메모지를 옆에 두고 일일이 이름과 직업, 관계를 적으면서 읽어 나가야 한다. 마지막 질문!

그대가 라틴 땅에 갔다. 누군가가 자신이 먹던 빨대를 꽂아 마테차를 권한다. 그 빨대로 마테차를 쪽쪽 빨아 마실 수 있겠는가?

더 알아두기

1. 라틴문학 중에서 널리 알려진 것은 J.M. 바스콘셀루스(Vasconcelos, 브라질)의 『나의 라임오렌지 나무』(My Sweet Orange Tree)이다. 6살 제제와 포르투갈 출신 뽀르뚜가 아저씨가 주인공이다. 이 책은 전 세계로 퍼져나갔으며 우리나라에서도 스테디셀러로 자리를 잡았다.

2. 마누엘 푸익(Manuel Puig, 아르헨티나)의 『거미여인의 키스』(Kiss of the Spider Woman)는 영화로도 제작되었다. 비야 데보토(Villa Devoto) 감옥에 갇힌 성추행범 몰리나와 게릴라 정치범 발렌틴의 대화로 엮어졌다. 읽기는 쉽지 않으나 형식과 주제가 독특하다.

3. 라틴아메리카는 넓은 영토와 오염되지 않은 자연, 많은 지하자원을 가지고 있지만 21세기 들어서도 경제적으로 발전이 더디다. 현지인들은 "유럽의 식민 지배를 너무 오래 받으면서 많은 것을

수탈당해서"라고 말한다. 어느 정도 그렇기는 해도 약간 '남 탓' 이지 않은가 싶다. 라틴의 근현대 역사는 이루 말할 수 없이 복잡하다. 그 이유가 궁금하다면 벤자민 킨(Benjamin Keen)의 『라틴아메리카의 역사』(A History of Latin America)를 권한다. 왜 라틴이 라틴인지를 파악할 수 있다.

4. 파블로 네루다(Pablo Neruda)는 칠레의 시인이며 1971년 노벨문학상을 받았다. 그의 삶을 보여주는 영화가 《일 포스티노 The Postman》이다. 시집으로는 『모두의 노래』(Canto General)가 있고, 평전으로는 애덤 펜스타인(Adam Feinstein)의 『빠블로 네루다』가 있다. [생각의 나무]에서 출간되었는데 절판되었다.

5. 『백년 동안의 고독』은 번역본이 여러 권이다. 일부 평론가는 안정효 번역본이 가장 처음이라고 말하지만 1976년 육문사에서 펴낸 김병호(金炳昊) 번역본이 최초이다. [스페인어-한글판], [스페인어-영어-한글판], [스페인어-일어-한글판] 중 어느 것이 좋다, 나쁘다고 평가하기는 어렵다. 서점에 가서 각 책들을 펼쳐놓고 비교한 후에 자신의 취향(수준)에 맞는 것을 읽으면 된다. 소설은 과학이나 수학책이 아니며, 무엇을 느끼고, 어떻게 실천하느냐가 더 중요하다.

기다림은 희망이 아니다.
속임수이다

『고도를 기다리며』(Waiting for Godot)
사무엘 베케트 Samuel Beckett
아일랜드, 1953년

내가 무엇을 기다리지?

집 앞에 있는 도서관에서 책이나 자료를 찾게 된 것이 8~9년 되어 간다. 자주 가다보니 종종 마주치는 사람들이 생겨났다. 특히 두 청년이 눈에 띄었다. 지나치면서 그들이 펼쳐놓은 책을 우연히 보았다.『9급 행정직』,『완전분석 한국사』등이었다. 아마 공무원 시험 준비를 하려니, 지레짐작했다.

문제는, 그들을 도서관에서 4년째 마주치고 있다는 사실이었다. 거진 반년 만에 갔을 때 한 청년은 체중이 더 늘어나 있었다. 안타까운 마음이 들었지만 내가 도와줄 수 있는 방법은 없었다. 그들은 무엇을 위해 4년씩이나 도서관에서 수험공부를 하고 있을까? 그들이 기다리는 것은 '합격증서' 하나일까? 합격한 뒤에는 또 무엇을 기다릴까?

"인생은 기다림의 연속"이라는 말은 진리이면서도 인간의 삶을 고통스럽게 만드는 장애물이기도 하다. 그리고 나락으로 떨어뜨리는 함정이다. 아침이 오면 저녁이 오기를 기다리고, 저녁이 오면 다시 아침이 오기를 기다린다. 음악이 흐르는 분주한 커피숍에서 오지 않을 사람을 기다리고, 핸드폰 벨이 울리기를 기다린다. 어느 곳에선가 좋은 소식이 오기를 기다리고, 사랑하는 사람이 운명처럼 나타나기를 기다린다. 전철을 기다리고, 비가 그치기를 기다린다. 그렇게 기다리다가 문득 깨닫는다.

내가 무엇을 기다리지?

왜 기다리지?

이 질문에 답해주는 사람은 아무도 없다. 단지 "기다리면 반드시 온다"는 허황된 충고 혹은 조언뿐이다. 그 충고와 조언에 속아 시간을 낭비한다. 그래도 어쩔 수 없다. 내가 할 수 있는 대응책이나 묘수가 없기 때문이다.

오늘은 못 온다. 하지만 내일은 온다

공무원 수험공부를 하는 청년은 그나마 명확한 기다림이 있다. 합격증서이다. 자신이 무엇을 기다리고 있는지 알고 있다. 그래서 무엇을 기다리는지조차 모르고 기다리는 사람에 비해 행복하다. 블라디미르와 에스트라공은 무엇을, 왜 기다리는지조차 모른 채 시간만 죽인다. 자그마치 50년이다.

그 얼어죽을 '고도'라는 놈은 무엇을 하는 놈인지, 어떤 직책을 가지고 있는지, 권력의 범위가 어디까지인지, 부를 얼마나 소유했는지 도무지 알 수 없다. 얼굴에 흰 수염이 낫다는 것으로 보아 남자로 추정될 뿐이다. 심부름 소년이 전해주는 말은 단순하다.

"오늘은 못 온다. 하지만 내일은 온다."

이 말을 믿을 수 있을까?

짝사랑하는 사람에게 "오늘 만나서 커피 한잔 할 수 있을까요?" 요청했을 때 "오늘은 어렵고 내일은 됩니다"라고 답한다면 그 사람은 내일 만나줄까? 아마 내일이 되면 "오늘은 어렵고, 내일은 정말 됩니다"라고 말할 것이다. 그러므로 기다리지 마라. 하지만 측은하기 짝이 없는 블라디미르와 에스트라공은 주구장창 기다린다. 이해할 수 없는 기이한 행동들을 하면서, 삭막한 시골길에서 낯선 사람과 무의미한 대화를 나누면서, 서로를 위로하고 격려하면서…… 그러다가 욕을 퍼부으면서.

횡설수설과 우왕좌왕의 결정판

확신할 수는 없지만 적어도 이 세상의 1만 명 이상이 고도에 대해 분석했다. 가장 그럴듯한 분석은 "영어의 God와 프랑스어 Dieu를 하나로 압축한 합성어의 약자"라는 해석이다. God와 Dieu는 둘 모두 신, 하나님의 뜻이다. 그러나 다 부질없는 분석이며, 해석이다.

　서구 문학작품이 대부분 그러하듯 이 희곡에도 구세주(예수), 카인과 아벨 이야기가 인용되며, 주피터(제우스)와 아틀라스도 언급된다. 결국 서구 문학작품은 『성경』과 『그리스 로마 신화』가 바탕에 깔려 있음을 알 수 있다.

　두 명의 등장인물과 더불어 역시나 횡설수설과 우왕좌왕에서 뒤지지 않는 포조와 럭키는 고도만큼이나 이상한 사람들이다. 포조는 권력을 가진 자, 럭키는 노예(우리들)로 추정된다. 밧줄에 묶인 럭키는 기계처럼 행동한다. 문제는 그가 뛰어난 언변과 지식을 갖추고 있다는 사실이다. 침묵으로 포조의 말을 따르다가 느닷없이 말의 포문을 연다. 그의 말은 한글로 2,052자에 달한다. 연극배우가 이 대사를 외우는 것은 고통일 것이다. 뿐만 아니라 등장인물들의 모든 대사도 횡설수설이어서 그것을 암기하기란 쉽지 않을 것이다.

　(침묵) 네가 좀 해봐! / 지금 찾고 있는 중이다. (침묵) / 찾고 있노라면 무슨 소리가 들린다. / 맞어 / 그게 찾는데 방해가 된다. / 그렇다니까 / 생각하는 데도 방해가 된다. / 그래도 생각은 한다. / 아냐. 그럴 순 없다. / 바로 이거야. 우리 반대되는 말을 하기로 하자. / 그건 안 된다. / 그럴까? / 생각할 가능성이 없어지니까. / 그렇다면 투덜거릴 이유도 없잖아? / 생각한다는 게 반드시 최악의 상태는 아니거든. / 맞다. 맞다. 하지만 그건 벌써 그렇다. /

무슨 말이야? 그건 벌써 그렇다니? / 그건 그렇다. 우리 서로 질문을 하자. / 그건 벌써 그렇다니 그게 무슨 뜻이냐니까? / 벌써 그만큼 덜 그렇단 말이야.

도대체 무슨 이야기인지 알 수 없다. 그럼에도 불구하고 이 연극이 끊임없이 전 세계에서 되풀이 공연되는 이유는 우리들에게 고도는 무엇이고, 누구이며, 왜 기다려야 하는지 그 해답을 각자 찾아가기를 바라기 때문일 것이다.

하나의 답이 아니라 73억 개의 답

『고도를 기다리며』는 무척 어렵다고 다들 말한다. 틀린 말은 아니다. 대사는 오락가락이고, 앞뒤가 맞지 않으며, 뜬금없는 설정이 자주 등장한다. 헐벗은 나무 한 그루, 에스트라공이 집착하는 낡은 구두, 블라디미르의 모자, 십자가에 못 박힌 두 도둑놈(한 명은 구원 받았고, 한 명은 저주 받았다), 만드라고라(Mandragora)라는 이상한 풀, 당근과 무……이러한 요소들은 조미료는 될지언정 극의 주제와 아무런 관련이 없다.

어떤 영국 놈이 술이 곤드레만드레 돼서 갈보집엘 갔었지. 포주 아주머니가 금발머리와 갈색머리와 빨강머리 중에서 어느 것을 원하느냐고 물었겠다.

어디 그 다음은 네가 얘기해 봐라.

이 말에 대한 답도 없다. 그래도 여기까지는 참아줄 만하다. 기다리면 결론이 나오겠지, 나에게 어떤 깨달음을 주겠지…… 그러한 인내심으로 계속 읽는다. 그러나 끝까지 아무런 결론도 없고, 답도 없고, 명쾌함도 없다. 그래서 어렵다고, 말들 한다. 가장 압권은 '고도'이다. 두 사내가 주절대는 말들이나, 맥락없이 등장하는 사물들은 고도에 비하면 하찮은 것들이다. 고도의 정체만 밝혀지면 모든 것이 풀린다. 그래서 기다린다. 고도가 누구이며, 왜 기다려야 하는지를 알고 싶어서. 하지만 베케트는 끝내 답을 주지 않았다. 단지
"내가 그걸 알았더라면 작품 속에 썼을 것이오"
라는 아리송한 말만 남겼다.

그러나 『고도를 기다리며』는 어렵지 않은 희곡이다. 결론이 명확히 정해져 있지 않기에 그 누구라도 자신에 맞게 해석이 가능하다. 고도는 현실적으로 합격증서나 복권일 수 있으며 나아가 권력, 명예, 돈, 행복, 사랑, 안락함일 수 있고 아닐 수도 있다. 고차원적으로 신(神) 혹은 시간일 수도 있다. 두 사람의 대화에 핵심으로 반복되는 '목이나 맬까'라는 대사로 유추해보면 죽음일 수도 있다. 목을 매자고 처음 제안한 사람은 에스트라공이다. 블라디미르도 딱히 반대하지 않는다. 그런데 끈이 없다. 혁대는 낡아서 끊어지고 만다. 나무는 약해서 지탱하지 못한다. 목을 매고 죽는 일조차 그들에게는 어렵다.

그러므로 고도는 죽음이 아니다. 그저 아무것도 아닐 수 있다. 작가

의 고도(高度)의 말장난일 수 있다. 그러므로 판단은 오로지 각자의 몫이다. 그래서 고도는 하나의 답이 아니라 73억 개의 답이다. 어쩌면 베케트도 그것을 원했을 것이다. 아니면 "기다리지 말고 뛰어들어라"라는 메시지를 주고 싶었는지도 모른다.

더 알아두기

1. 사무엘 베케트(Samuel Beckett)는 아일랜드에서 태어난 극작가이다. 오늘날 테러단체의 대명사로 불리는 IS(Islamic State)가 등장하기 전에는 아일랜드공화국군(IRA), 이탈리아의 붉은여단, 일본의 적군파(赤軍派)가 TV 뉴스를 주로 장식했다. 영화나 문학작품에서 아일랜드인은 독특하게 묘사되는데 우리가 그들의 기질을 이해하거나 공감하기는 어렵다고 생각한다.

2. 만드라고라(Mandragora)는 그 뿌리가 사람 모습을 닮은 식물이다. 목을 매서(혹은 교수형) 죽은 사람(남자)의 몸에서 나온 정액이 땅으로 떨어져 자라난다는 설이 있다.

3. 베르톨트 브레히트(독일)의 『서푼짜리 오페라』는 런던을 무대로 3류 인생들이 펼치는 좌충우돌이다. '거지들의 친구'라는 (거지를 위한) 회사를 운영한다는 발상이 색다르다.

4. 피터 셰퍼(영국)의 『에쿠우스』(Equus)는 6마리 말(馬)의 눈을 찌른 소년의 실제 사건을 바탕으로 한 희곡이며, 1979년 발표한 『아마데우스』(Amadeus)는 1985년 영화로 제작되어 세계적인 히트를 쳤다.

5. 추송웅의 모노드라마로 유명한 『빨간 피터의 고백』은 카프카의 『어느 학술원에 드리는 보고』가 원작이다. 왜 이 연극이 히트를 쳤는지 원작을 읽어보기 바란다. 또 다른 희곡 『지하철 1호선』도 재미와 느낌이 출중하다. 원래 폴커 루트비히, 비르거 하이만의 공동작품 『Line 1』(1986년)이었는데 김민기가 한국 정서에 맞게 재구성(1994년)했다.

더 넓은 고전으로의 여행

삶의 동반자가 되어 줄 외국 소설들

우리나라에 소개된 세계 명작은 850~900종에 이른다. 시각에 따라 '세계 명작'의 기준은 다르지만 일반적으로 『해리포터 시리즈』는 베스트셀러이기는 해도 세계 명작은 아니다. 여기에 소개된 소설은 900

NO	저 자	나 라	책 제 목
1	가와바타 야스나리	일본	설국
2	J.W. 괴테	독일	젊은 베르테르의 슬픔
3			파우스트
4	구스타프 플로베르	프랑스	보봐리 부인
5	귄터 그라스	독일	양철북
6	기 드 모파상	프랑스	여자의 일생
7	나다니엘 호손	미국	주홍글씨
8	V. 나브코브	(러)미국	롤리타
9	루쉰(魯迅)	중국	광인일기
10	니코스 차잔차키스	그리스	그리스인 조르바
11	다니엘 디포	영국	로빈슨 크루소

권 중에서 비교적 인정을 받은 작품을 선정한 것이다. 다 읽으면 좋겠지만, 꼭 그럴 필요는 없다. 주제를 보고 자신의 취향에 따라 읽기를 권하되 한 주제만 집중하는 것은 좋지 않다. 몇몇 작품은 속칭 '대중(大衆)문학'으로 분류할 수 있는데 재미는 출중하다.

주 인 공	성 별	상 대 역	주 제
시마무라(島村)	남	고마코, 요코	한 기생의 순수한 사랑
베르테르	남	샤를롯데	이룰 수 없는 사랑의 비극
파우스트	남	메피스토	영혼의 구원
엠마 보바리	여	레옹	부정한 사랑, 성도덕의 타락
오스카 마체라트	남	알프레트, 아그네스, 브론스키	소년의 혼란
잔느	여	줄리앙	비극적 사랑
헤스터 프린	여	딤즈데일 목사	사랑과 죄의식, 참회
험버트 험버트	남	돌로레스 롤리타	유아 성애
모씨 동생	남	모씨 형	유교의 위선과 비인간성
알렉시스 조르바	남	소멜리나, 오르탕스	인생과 인간의 탐구
로빈슨 크루소	남	프라이데이	모험과 고독

NO	저 자	나 라	책 제 목
12	F.M. 도스토옙스키	러시아	카라마조프가의 형제들
13	디어도어 드라이저	미국	아메리카의 꿈
14	E.M. 레마르크	독일	개선문
15	D.H. 로렌스	미국	채털리 부인의 사랑
16	로버트 R. 스티븐슨	영국	지킬박사와 하이드
17	루이스 캐럴	영국	이상한 나라의 앨리스
18	루이제 린저	독일	생의 한가운데
19	R.M. 릴케	독일	말테의 수기
20	마가렛 미첼	미국	바람과 함께 사라지다
21	마크 트웨인	미국	톰 소여의 모험
22	마누엘 푸익	아르헨티나	거미여인의 키스
23	무라카미 하루키	일본	노르웨이의 숲(상실의 시대)
24	미하엘 엔데	독일	모모
25	밀란 쿤데라	체코	참을 수 없는 존재의 가벼움
26	J. M. 데 바스콘셀로스	브라질	나의 라임오렌지 나무
27	오느레 발자크	프랑스	골짜기의 백합
28	J. M. 배리	영국	피터팬
29	보리스 파스테르나크	러시아	닥터 지바고
30	빅토르 위고	프랑스	노틀담의 꼽추
32	장 폴 사르트르	프랑스	구토
33	사무엘 베케트	아일랜드	고도를 기다리며
34	세르반테스	스페인	돈 키호테
35	J.D. 샐린저	미국	호밀밭의 파수꾼
36	서머셋 모옴	영국	인간의 굴레
37	샬롯 브론테	영국	제인 에어
38	스탕달(마리 앙리 벨)	프랑스	적과 흑
39	시몬느 보부아르	프랑스	계약결혼

주인공	성별	상대역	주제
드미트리 표도르비치 카라마조프	남	그루세니카	선과 악의 대결
크라이드 그리피스	남	로버타 올든	선과 악, 비뚤어진 사랑
라비크(루드비히 프레젠부르크)	남	조앙 마두	전쟁의 비극, 슬픈 사랑
코니 채털리	여	멜러즈	육체적 사랑
에드워드 하이드	남	지킬	인간의 이중 인격
앨리스	여	흰 토끼	꿈, 삶의 다양성, 다양한 인간성
니나 부슈만	여	슈타민 박사	사랑과 자유의 추구
말테 라우리즈 브리게	남	에리크, 아벨로네	죽음과 인생에 대한 관찰
스칼렛 오하라	여	레트 버틀러	미국사, 여성의 고난, 사랑
톰 소여	남	허클베리 핀, 베키	미국사, 소년의 모험
발렌틴 아레기 파스	남	루이스 몰리나	동성애, 정치혁명, 사랑
와타나베	남	나오코	청년 시절의 연애, 사랑
모모	남	베포, 기기	시간
토마스	남	테레사, 사비나	사회주의 체제하에서의 사랑
제제	남	뽀르뚜가 아저씨	어린이와 어른의 우정
펠릭스 드 방드네스	남	모르소프 백작 부인	정신적인 사랑
피터팬	요정	해적 후크	모험, 유년 시절의 꿈
유리 지바고	남	라라, 파벨 안치포프	러시아 혁명과 사랑의 비극
콰지모도	남	에스메랄다	한 꼽추의 비극적 사랑
앙트완 로캉탱	남	아니	인간의 실존
블라디미르	남	에스트라공	인간의 실존, 허상의 세계
돈 키호테	남	둘시네 공주	모험, 중세, 세태 비판
홀든 콜필드	남	피피	기성세대의 부정과 인간성 상실
필립	남	밀드레드 로저스	예술과 인간
제인 에어	여	로체스터	여성과 사랑
쥘리엥 소렐	남	레날 부인	사나이의 욕망과 사랑
보부아르	여	사르트르	한시적인 사랑

NO	저 자	나 라	책 제 목
40	안톤 체홉	러시아	벚꽃 동산
41	알렉상드르 뒤마(대)	프랑스	몬테크리스트 백작
42	알렉상드르 뒤마(소)	프랑스	춘희
43	앙드레 지드	프랑스	좁은 문
44	에드가 앨런 포	미국	어셔가의 몰락
45	에릭 시걸	미국	러브스토리
46	에밀 아자르(로맹 가리)	프랑스	자기 앞의 생
47	에밀 졸라	프랑스	나나
48	오 헨리	미국	크리스마스 캐롤
49	올더스 헉슬리	영국	멋진 신세계
50	유진 오닐	미국	느릅나무 밑의 욕망
51	제인 오스틴	영국	오만과 편견
52	제임스 조이스	아일랜드	젊은 예술가의 초상
53	조나단 스위프트	아일랜드	걸리버 여행기
54	조지 오웰	영국	1984년
55	존 스타인벡	미국	에덴의 동쪽
56	쥘 베른	프랑스	80일간의 세계일주
57	주제 사라마구	포르투갈	눈먼 자들의 도시
58	찰스 디킨스	영국	위대한 유산
			크리스마스 캐롤
			두 도시 이야기
59	알렉산드르 푸시킨	러시아	대위의 딸
60	프랑스와즈 사강	프랑스	슬픔이여 안녕
61	프로스페르 메리메	프랑스	카르멘
62	F. 스콧 피츠제럴드	미국	위대한 개츠비
63	알베르 카뮈	프랑스	페스트
64	프란츠 카프카	독일	심판
65			변신

주인공	성별	상대역	주제
라네프스카야	여	트로피모프	한 여인의 추억과 꿈의 허상
에드몽 단테스	남	당그라르, 페르낭, 비르포르	음모, 복수, 야망, 사랑
마르그리트 고띠에	여	아르망	맹목적이고 숭고한 사랑
알리사	여	제롬	순수한 사랑과 자기 희생
로더릭	남	매더린	한 가문의 비극
제니퍼 캐빌레리(제니)	여	올리버 배럿트 4세	순수한 사랑, 불치병
모모	남	로자 아줌마	가난한 사람들의 삶
나나	여	뮈파 백작	성적인 욕망, 인간의 파멸
제임스 영(짐)	남	델라	배려
버나드 마르크스	남	레니나 크라운	통제받는 삶
이이프레임 캐봇	남	에벤	인간의 욕망, 한 가문의 몰락
엘리자베스 베네뜨	여	찰스 빙글리	진실한 사랑
스티븐 디더러스	남	메르세데스, 아널 신부	갈등과 탈출, 자유의 예술
라무엘 걸리버	남	릴리프트, 브롭딩낵, 라푸타, 후이늠(야후)	모험, 세태 비판
윈스턴 스미스	남	줄리아	인간성 상실
새뮤얼 해밀튼	남	애덤 트래스크	한 가문의 역사와 사랑
필리어스 포그	남	픽스 형사	모험, 약속
의사의 아내	여	악당	세계 멸망, 인간의 악성, 생존본능
핍(필립)	남	에스테일러	고난과 부, 사랑
스크루지	남	제이콥 말리	선, 베풂
찰스 다네이	남	시드니 카턴, 마네트	영불 대립, 인간군상, 혁명
표트르 안드레예비치 그리뇨프	남	마샤 미로노바	지순한 사랑
세실	여	안느	사춘기 소녀의 사랑
카르멘	여	돈 호세	정열적인 사랑과 비극
제이 개츠비	남	데이지	부와 사랑, 비극
베르나르 리외	남	랑베르	인간의 극한 상황, 극복
요제프 K	남	두 남자	극단으로 내몰린 심판의 세계
그레고르 잠자	남	여동생	한 인간의 비극적 변화

NO	저 자	나 라	책 제 목
66	콜린 맥컬로	미국	가시나무 새
67	테네시 윌리엄즈	미국	뜨거운 양철지붕 위의 고양이
68	아서 밀러	미국	세일즈맨의 죽음
69	토마스 만	독일	마의 산
			선택된 인간
70	토마스 울프	미국	그대 다시는 고향에 가지 못하리
71	토마스 하디	영국	테스
			안나 카레니나
72	L.N. 톨스토이	러시아	사람은 무엇으로 사는가
73	이반 투르게네프	러시아	첫사랑
74	허먼 멜빌	미국	모비딕
75	해리엇 비처 스토우	미국	톰 아저씨의 오두막
76	어네스트 헤밍웨이	미국	무기여 잘 있거라
77	헨리크 입센	노르웨이	인형의 집
78	고미카와 준페이	일본	인간의 조건
79	미우라 아야코	일본	빙점
80	C.V. 게오르규	루마니아	25시
81	로제 마르탱 뒤 가르	프랑스	티보가의 사람들
82	르 클레지오	프랑스	섬
83	막스 뮐러	독일	독일인의 사랑
84	모옌	중국	붉은 수수밭
85	미시오 유키오	일본	금각사
86	솔 벨로우	미국	험볼트의 선물
87	M.A. 솔로호프	러시아	고요한 돈강
88	시바 료타료	일본	천하대란
89	아이작 B. 싱어	미국	적들, 어느 사랑의 이야기
90	안소니 버제스	미국	시계태엽오렌지

주인공	성별	상대역	주제
메기 클리어리	여	랠프 드 브리카사르트	평생에 걸친 사랑과 고뇌
마가렛	여	브리크	인간의 비뚤어진 사랑, 욕망
월리 로만	남	린다, 비프	경쟁의 늪, 부자(父子) 갈등
한스 카스토르프	남	제템브리니, 나프타, 쇼샤 부인, 페페르코른	삶에 대한 고찰
지빌라	남	그레고리우스	이중 근친상간, 고뇌와 참회
조지 웨버(망크)	남	에스터 잭	고향에 대한 고찰
테스	여	알렉, 엔젤	비극적 사랑
안나 카레니나	여	브론스키	불륜적인 사랑과 비극
세몬	남	미하일	인간의 선의와 진정한 행복
블라디미르 뻬뜨로비치	남	지나이다 알렉산드로브나	첫사랑을 통한 인간성의 발견
이수메일	남	에이하브	도전과 집념
톰	남	헤일리	흑인 해방
프레데릭 헨리	남	캐서린	전쟁의 비극
노라	여	토르발트 헬멜	여성의 자유
가지	남	그 외 모두	2차대전, 비극적 인간군상
나쓰에(夏枝)	여	쓰지구치 게이조(辻口啓造), 기타하라(北原)	사랑과 증오, 복수
요한 모리츠	남	수잔나	전쟁, 인종탄압, 여성억압
티보家	남	드 퐁타냉家	두 가정의 역사
자크, 레옹	남	수르야바티	현대문명의 위기, 사랑
나	남	마리아	슬픈 사랑
추알	여	유이찬아오	중국 근대, 식민, 탄압과 저항
나	남	우이코	열등감, 범죄, 아름다움의 의미
폰 험볼트 플레이셔	남	찰리 시트린	우정, 예술, 미국 사회의 이면
판타레이비치 메레호프	남	일리니치나	러시아 근대, 혁명
유방	남	항우	초나라와 한나라의 대결
허먼 브로더	남	마샤, 야드비가	이중의 사랑
알렉스	남	빌리보이	청소년의 방황, 광기

NO	저 자	나 라	책 제 목
91	어윈 쇼	미국	야망의 계절
92	움베르토 에코	이탈리아	장미의 이름
93	파트린트 쥐스킨트	독일	향수
94	패트릭 모디아노	프랑스	어두운 상점들의 거리
95	프레드릭 포사이스	영국	자칼의 날
96	켄 폴리트	영국	바늘구멍
97	토마스 핀천	미국	제49호 품목의 경매
98	시내암(施耐庵)	중국	수호지
99	오승은(吳承恩)	중국	서유기
100	이보 안드리치	유고	드리나강의 다리
101	타고르	인도	기탄잘리
102	로맹 롤랑	프랑스	장 크리스토프
103	루이지 피란델로	이탈리아	작가를 찾는 6인의 등장인물
104	펄 벅	미국(중)	대지
105	작가 미상	독일	니벨룽겐의 노래

위 작품 외에 감추어진 명작 소설은 많지만 세 권만 더 추천한다.

- 『점원』 버나드 맬러머드 (Bernard Malamud). 이 작가는 유명한 야구영화 『내추럴』의 원작가이다.
- 『제8요일』 마렉 후라스코 (Marek Hrasko). 폴란드 작가이다.
- 『소유』 A.S. 바이어트 (Antonia Susan Byatt). 영국 여류 소설가이다.

105명의 작가를 국적별로 분류하면 다음과 같다. 미국 25명(23%),

주 인 공	성 별	상 대 역	주 제
헨리 홀러	남	도넬리, 루돌프 조다쉬	형제 대결, 사랑과 야망
아드소	남	윌리엄	중세시대, 신의 본질
그루누이	남	테리에, 로르	강박관념, 우월성, 광기
기 롤랑	남	위트, 폴 소나쉬체	상실과 기억 찾기
자칼	남	데클랜	저격, 스파이, 첩보 대결
헨리 페이버	남	해럴드 가든	2차대전, 스파이의 대결
에디파	여	무초, 피어스	소외, 양립적 세계관
송강	남	고구, 채경, 축가장, 방랍 등등	영웅호걸 이야기, 협객과 관리의 대결
손오공	원숭이	홍해아, 황미대왕, 금각은각 등등	모험, 변신술, 선과 악의 대결
베지르 메메드 파샤	남	아비다가, 오스만 에펜디 카라만리	제국과 민족의 흥망성쇠, 전쟁과 평화
Thou-Thy-Thee	신	나	신의 존엄, 나의 정결
장 크리스토프	남	자비네, 앙트아네트, 오리비에	예술, 소망, 희생
아버지	남	무대 감독	병적 현실, 탈출에의 욕망
왕룽	남	아란	중국 근대, 농업, 혁명, 민초
지크프리트	남	브륀힐트	게르만 민족신화, 중세 영웅

프랑스 20명(19%), 영국 13명(12%), 독일 11명(10%), 러시아 8명, 일본 6명, 중국 4명, 아일랜드 3명, 이탈리아 2명, 나머지 그리스, 노르웨이, 루마니아, 브라질, 스페인, 아르헨티나, 유고, 인도, 체코, 포르투갈은 각 1명씩이다.

105명을 900명으로 확대하면 어떻게 될까? 노르웨이 작가가 엄청 늘어나고 미국 작가는 줄어들까? 그렇지 않으리라 본다. 같은 비율로 확대될 것이다. 우연의 일치인지는 몰라도 세계 명작의 산출국은 현재의 국력과 어느 정도 비슷하다. 중국의 비율이 약하지만 2000년대 이후 약진하고 있다는 사실에 주목해야 한다.

창작의 근본 요소가 무엇인지는 정의 내리기 어렵다. 그러나 자유스러운 사고방식과 타인에게 피해를 주지 않는 일탈을 너그럽게 받아들이는 인식이 우선이다. 교육의 선진성과 정치의 공정성, 투명한 사회도 필수조건이다. 아쉽게 한국을 비롯한 아시아 대부분의 나라는 그 경지에 이르지 못했고, 아프리카와 라틴은 경제적으로 뒤떨어져 있다.

대한민국이 인식의 변환, 사회 개혁, 교육 개혁, 정치와 사회의 투명성, 경제 발전으로 세계 명작을 산출하는 나라가 되기를 바란다. 그 후에 노벨문학상을 논하라. 당연히 노벨문학상이 명작의 기준은 아니지만 그것만이라도 받지 못하면 한국문학은 '집안 잔치'에 머물 수 있다.

'소설의 힘'에 대해 예를 들자면, 앞에서 거론한 일본 작가의 장편 『인간의 조건』과 『불모지대』, 『검은 비』가 뜻밖의 의미를 준다. 셋 모두 패전으로 인한 일본인들의 고통을 그렸다. 제2차 세계대전의 원인과 경과에 대해 알지 못한 상태에서 이 소설들을 읽으면 일본인은 전쟁으로 인해 엄청난 고통을 겪었으며, 그 가해자는 연합군(미국, 영국 등)이라는 결론이 내려진다. 일본이 전쟁을 일으켰음에도 자신이 피해자라고 항변하는 셈이다. 반면 우리나라에는 그만한 소설이 드물며 해외로 번역되어 나간 책도 아직, 없다.

제3부
마무리 독서여행

여행은 아직 끝나지 않았다. 밥만 먹고 살 수 없듯이 고전 소설만 읽을 수는 없다. 여기서는 현대인이 꼭 갖추어야 할 교양과 덕목으로서 필요한 고전 인문·과학서를 비롯해 분야별로 다양한 책들을 소개했다. 성공이나 출세의 바탕이 아닌 삶의 양식으로서 읽기를 바란다.

꼭 읽어야 할 고전 인문·과학서
꼭 읽기를 바라는 한국 소설
베스트셀러에 대하여
명작 추리소설
가슴에 새겨야 할 '한국'과 '세계'의 명시
만화 명작

꼭 읽어야 할 고전 인문·과학서

　인문학 지식을 넓히기 위해 이른바 '인문학 엑기스'를 읽는 독자들이 있는데 대단히 나쁜 방법이다. 그러한 책은 순간적인 지식을 줄 뿐 책을 덮고 나면 금세 머릿속에서 지워진다. 전체를 읽어야 하고 가급적 '축약본'이 아닌 원전을 읽어야 한다. 시중에서 범람하는 『세계문학 해설서』는 명작을 100권 정도 요약해서 들려준다. 그 책을 5번쯤 읽었다 해도 원전을 10권만 읽은 사람을 당해내지 못한다.

　예컨대 『그리스 로마 신화』를 해설한 엑기스는 읽기는 편하고 빠르지만(그래서 많이 아는 것 같은 착각에 빠진다) 전체를 이해하지 못하고, 자신의 느낌을 만들어내지 못하며, 타인과 대화를 나눌 때 무식이 곧바로 들통 난다. 그러므로 시간이 걸리더라도 한 권을 완전히 읽는 것이 지식과 지혜에 도움이 된다. 책을 어설프게 읽는 것은 노래 한 곡을 다 듣는 것이 아니라 한 소절만 듣는 것과 마찬가지다.

❖ 사상 / 종교

『탈무드』(Talmud)

깨달음보다 중요한 것은 실천

예수의 고향은 이스라엘이다. 그래서 대부분의 사람들은 이스라엘 사람들은 기독교인이라 생각한다. 그러나 이스라엘에 기독교인은 거의 없으며 유대교를 믿는다. 유대교(Judaism)는 이렇게 정의된다.

> 천지만물의 창조자인 유일신 야훼(Yahweh)를 신봉하면서, 스스로 신의 선민(選民)임을 자처하며, 메시아(구세주)의 도래 및 그의 지상천국 건설을 믿는 유대인의 종교.

유대교는 『구약성경』을 경전으로 삼으며 예수를 하나님의 아들, 즉 메시아로 인정하지 않는다. 메시아는 "언젠가는 온다"고 믿고 있다. 그들의 정신적 지주를 이루는 또 하나의 책이 탈무드(율법서)이다. 경전이자 잠언집, 교훈서, 동화, 일화, 우화의 성격을 띤다. 종교서라기보다 삶의 의미와 행동의 방향을 일깨워주는 뿌리 깊은 이야기책이라 보면 된다.

- 한 자루의 양초로 많은 양초에 불을 옮겨 붙이더라도 첫 양초의 빛은 흐려지지 않는다.
- 항아리 속에 든 한 개의 동전은 시끄럽게 소리를 내나, 동전이 가득 찬 항아리는 조용하다.

좋은 격언도 엄청나게 많고, 재미있는 일화도 많다. 문제는, 교훈의 깨달음이 아니라 그것의 실천이다.

『우파니샤드』(Upaniṣad)

인간에 대한 진리를 구하라

인도 브라만교(波羅門敎)의 경전은 『베다』(Vedas)이다. 베다('안다'라는 뜻)는 '고대 인도의 종교 지식과 제례규정을 담고 있는 문헌'으로 일컫는다. 산스크리트어로 쓰여 있다. 베다 중에서 마지막을 이루고 있는 것이 『우파니샤드』이다. 그래서 『베단타』(베다의 끝Vedānta)라고도 불린다. 우파니샤드는 이렇게 정의된다.

'(사제 간에) 가까이 앉음'이란 뜻으로, 스승의 발아래에 가까이 앉아 스승에게 직접 전수받는 신비한 지식으로 해석된다. 문헌 대부분이 스승과 제작 사이의 철학적 토론으로 구성되어 있다.

세계에는 여러 종교가 있다. 우리가 일반적으로 아는 기독교, 가톨릭, 불교, 유교, 이슬람교 외에 원불교, 힌두교, 브라만교, 제7일안식일예수재림교, 모르몬교, 여호와의 증인, 통일교, 동방정교회, 성공회, 유대교, 도교, 시크교, 자이나교, 천리교, 일련정종, 창가학회, 대순진리회, 사이언톨로지교, 조로아스터교, 부두교 등 100여 개가 넘고, 아프리카, 아시아의 토속종교, 고대의 사멸된 종교까지 합하면 1천여 개가 넘는다고 주장하는 학자도 있다.

종교의 요건 중 하나는 '경전이 있느냐'이다. 언어가 없는 민족은 소멸되듯이 경전이 없는 종교는 오래 지속되지 못한다. 또 그 경전의 처음부터 끝까지 오류가 없어야 한다. 물론 냉철한 과학적 지적으로 파헤치면 오류를 무수히 발견해낼 수 있지만 경전은 과학적 상식이나 체계를 중요시 여기지 않는다. '말씀'에 있어서만 오류가 없으면 된다.

> 브라흐만에 대해 이야기하는 사람들이 말한다. 원인이 브라흐만인가? 어디서 생겨났는가? 무엇에 의해 우리는 살아가는가? 어디에 버팀을 두는가? 브라흐만을 아는 이여, 무엇에 의해 우리는 행복이 아닌 것들 속에 머물며 정해진 틀을 따라 도는가?

브라만(Brahman)은 우주의 근본적 실재 또는 원리이다. 만물의 창조주인 브라흐만은 남성적 표현이다. 그에 반대되는 개념이 아트만(Ātman)이다. 숨 쉬는 생명, 즉 나를 의미한다. 『우파니샤드』는 신에 대한 진리를 찾는 것이 아니라 인간에 대한 진리를 찾는다.

우리는 어디에서 생겨났는가

누구로 인해 우리는 살아 있는가

마지막 순간에 우리는 과연 어디로 가 설 것인가?

물론 이 질문에 대한 답은 없다. 스스로 찾아야 한다(원래 책이라는 것은 '무엇이든 스스로 찾아라'는 가르침을 주는 도구이다). 종교적 관점을 떠나 한번쯤 읽어볼 필요가 있는 책이며, 특히 인도, 네팔 등지를 여행하는 사람이라면 출발 전에 꼭 읽기를 권한다.

『법구경』(法句經)

모든 것은 마음이 근본이다

불교의 경전은 많다. 교리에 따라 대승불교, 소승불교, 티베트(밀교)불교로 대별되며 각각 경전이 있다. 화엄경, 금강경, 법화경, 대집경, 대반야경, 열반경, 관미륵보살상생도솔천경, 유마경, 능엄경, 원각경 등 수십 종이 넘는다. 모두 중요한 말씀을 담고 있지만 일반적으로 『법구경』이 우리에게 가장 친숙하고 읽는 데 무리가 없다.

心爲法本 心尊心使 中心念惡 卽言卽行 罪苦自追 車轢於轍
심위법본 심존심사 중심염악 즉언즉행 죄고자추 거력어철

> 모든 일은 마음이 근본이다
> 마음에서 나와 마음으로 이루어진다
> 나쁜 마음을 가지고 말하거나 행동하면
> 괴로움이 그를 따른다
> 수레바퀴가 소의 발자국을 따르듯이

인도의 승려 법구(法救)가 인생에 지침이 되는 좋은 시구(詩句)들을 모아 엮은 것으로 교리가 아닌 시 형식이다. 39품으로 구성되었고, 불교의 핵심이 758개의 간결한 게송(偈頌)에 집약되었다.

또 하나 읽어볼 책은 『수타니파타』(Suttanipata)이다. 불교 최고(最古)의 경전으로 인정받는다. 『법구경』처럼 운문으로 되어 있어 읽기 어렵지 않다.

> 소리에 놀라지 않는 사자처럼
> 그물에 걸리지 않는 바람처럼
> 진흙에 더럽히지 않는 연꽃처럼
> 무소의 뿔처럼 혼자서 가라

널리 알려진 "무소의 뿔처럼 혼자서 가라"의 원전이 『수타니파타』이다. 모두 1,149개의 구절로 이루어져 있다.

❖ 생물학 / 과학

『이기적 유전자』(The Selfish Gene)

왜 생물체는 이기적으로 행동하는가

　세 번쯤 읽으면 약간이나마 이해가 되는 책. '진화론'은 '창조론'과 대비되는 이론이다. 어느 것이 맞는지는 아직 판정나지 않았다. 대부분의 학자들은 진화론을 옹호하고 학교에서도 그렇게 가르친다. 그러나 진화론에도 모순은 엄청나게 존재한다. 그래서 진화학(學)이 아니라 논(論)에 머물러 있다. 더 오랜 시간이 흐른다 하여도 인류가 이 문제를 명쾌하게 밝혀내지는 못하리라 생각한다. 어쩌면 밝히지 못한 채 인류는 소멸할 것이다. 여하튼 이 책은 생물체는 진화한다는 이론에 바탕을 두고 왜 이기적으로 행동하는가를 추적한(나의 관점에서. 이 책을 읽은 후의 소감은 모두 다르다) 고전 명작이다.

　남자 A와 여자 B가 결혼하여 아기 C를 낳았다. 친할머니와 외할머니 중에서 누가 더 C를 사랑할까? 각각의 가정환경과 할머니의 성격에 따라 다르겠지만 일반적으로 그리고 세계적으로 외할머니가 더 사랑한다. 아기 C는 엄마 B의 뱃속에 있다가 세상 밖으로 나왔다. 그러므로 엄마가 B인 것은 분명하다(병원에서 아기가 뒤바뀌지 않는 이상). 그렇다면 아빠는 과연 누구일까?

　외할머니는 자신의 배에서 열 달을 기르다가 엄마(딸)를 낳았고, 그

딸은 또 외손주를 낳았다. 분명히 자신의 피가 전해진 것이다. 그러나 친할머니 입장에서 보면, 아빠(아들)는 자신이 분명 낳았지만 손주에게 아들의 피가 전해졌는지는 알 수 없다. 그래서 외할머니가 더 사랑한다. 이 말은 엉터리일까?

이렇게 생각하면 된다.

- 손주는 내 아들이 낳은 아들이 아니라 며느리가 낳은 아들이다.
  (친할머니 입장에서)
- 손주는 사위가 낳은 아들이 아니라 내 딸이 낳은 아들이다.
  (외할머니 입장에서)

외할머니가 외손주를 더 사랑하는 이유는 자신의 피, 즉 유전자(DNA)가 전해졌기 때문이다. 이처럼 인간은 이기적으로 행동한다. 이는 모든 생물에게 동일하다. 그럼에도 불구하고 자기희생의 정신을 지닌 유전자가 있다. 그들은 나보다 타인을 위해 행동한다. 왜 그럴까? 그 유전자도 진화를 하는 것일까? 근본적으로 생각해서, 생물은 과연 진화해서 현재 상태에 이른 것일까? 아니면 창조된 것일까?

"세 번쯤 읽어야 이해된다"는 말에 지레 겁먹을 필요는 없다. 한 번만 읽어도 된다. 그러나 한 번은 꼭 읽어야 한다.

저자 리처드 도킨스(Clinton Richard Dawkins)는 영국의 생물학 교수이다. 1941년 케냐 나이로비에서 태어났으며 8살 때 아버지의 고국인 영국으로 돌아가 옥스퍼드대학을 다녔고, 교수로 재임했다. 이 책의 첫 발행일은 1976년이며 이후 40년 넘게 전 세계에서 하루도 쉬지 않고 팔리는 명작이 되었다. 과학/생물학 책은『이기적 유전자』,『과학혁명의 구조』,『코스모스』가 전 세계적인 트로이카이다.

2007년 발행된『만들어진 신』(The God Delusion)은 '신은 과연 인간을 창조했는가?'라는 부제에서 알 수 있듯이 창조론을 비판했다.

『과학혁명의 구조』(The Structure of Scientific Revolutions)

패러다임이 새로움을 창조한다

이 책에는 모두 13개의 글이 실려 있고 저자는 '에세이'라 표현했다. 즉 과학에 대한 연구논문이나 보고서가 아니라 누구나 쉽게 읽을 수 있는 칼럼 형식의 글이다. 그럼에도 불구하고 과학을 전공하지 않은 사람에게는 쉽지 않은 책이다.

저자는 과학적 문제와 방법의 본질에 대해 사회과학자들 사이에 공공연한 의견 대립이 나타나는 모습을 보고 충격을 받았고 -꼭 그것이 이유는 아니지만- 그것이 발단이 되어 책을 집필했다.

> 천문학, 물리학, 화학 또는 생물학의 과학 활동은, 오늘날의 심리학자나 사회학자들이 안고 있는 것으로 보이는 기본적인 문제들에 대한 논쟁을 불러

일으키지 않는 게 보통이다.

즉 과학은 사회과학과 달리 명확한 답을 찾을 수 있다. 문제는 왜 둘 사이에 차이가 있느냐는 것이다. 저자는 이 문제를 풀기 위해 과학적 탐구에서 패러다임(Paradigm)이 중요한 역할을 한다는 사실을 깨달았다. 보통 이 책은 이렇게 설명된다.

> 기존의 귀납주의적 과학관에 새로운 패러다임을 적용하여 과학 지식의 변천 및 발전을 설명하였다. 부분적으로는 과학혁명을 주제로 하지만, 전체적으로는 과학의 발전이 어떻게 전개되는가에 초점이 맞추어져 있다.

그래서 『과학혁명의 구조』는 패러다임이라는 단어를 가장 먼저 떠올리게 한다. 패러다임은 "어떤 한 시대 사람들의 견해나 사고를 지배하고 있는 이론적 틀이나 개념의 집합체"를 의미한다. 예컨대 1970년대의 유신 시대에는 그것이 맞는 것으로 여겨졌지만 통치자의 퇴장과 함께 그 이념이 무너지고 새 이념이 나타나는 것이다. 당연히 새 이념은 과거 회귀적이 아니라 진보적이고 긍정적이다.

토마스 쿤은, 과학은 시간의 흐름에 따라 꾸준히 발전하는 것이 아니라 이상한 현상이 발생하고 그로 인해 기존의 것이 붕괴될 위기에 처했을 때(혹은 붕괴되었을 때) 그것을 극복하기 위해 새로운 현상이 일어나면서 발전하게 된다고 주장했다. 즉 위기 극복의 대안으로 새로운 과학이 출현하는 것이다.

만일 과학이 요즈음의 교재에 실린 사실, 이론, 방법의 집합이라면, 과학자는 성공적이든 아니든 그 특정한 집합에 한두 가지 요소를 보태기 위해 온갖 애를 쓰는 사람이 된다.…… 최근 몇몇 과학사학자들은 '축적에 의한 발전'이라는 개념으로는 자신에게 부과된 기능을 완수하기가 점점 더 어려워진다고 느끼고 있다.…… 그들은, 깊게 파고들수록 다음과 같은 질문에 답하기가 더욱 곤란해진다는 것을 발견한다. 산소는 언제 발견되었는가? 에너지 보존에 대해 처음으로 알아낸 사람은 누구인가?…… 아마도 과학은 개별적인 발견과 발명의 축적에 의해 발달되는 것이 아닐 것이다.

오늘날 여러 전자회사에서 만들어내는 수많은 스마트폰들은, 그것들이 제아무리 다양한 기능을 탑재한 최신 휴대전화라 해도 모두 '특정한 집합에 한두 가지 요소를 보태는' 것에 불과하다. 그 무엇도 스티브 잡스가 최초로 만든 스마트폰을 뛰어넘지 못한다. 즉 스티브 잡스가 새로운 패러다임을 창출한 것이다.

토마스 쿤(Thomas Kuhn1922~1996)은 미국의 과학사학자 겸 철학자이다. 하버드대 물리학 박사이고, 스탠퍼드대학의 행동과학고등연구센터(CASBS)에서 사회과학자들과 함께 연구 활동을 한 것을 계기로 패러다임이라는 새로운 개념을 창안해냈다. 『과학혁명의 구조』는 1962년 발간되어 지금도 세계 곳곳에서 읽히고 있다.

『코스모스』(Cosmos)

우주에서도 인간의 존재는 가치 있다

우주에는 인간이 아닌 외계인이 존재할까? 존재하기는 하겠지만 인류는 그를 만나지 못한다. 별은 너무 먼 곳에 있고, 인간의 기술로는 그 별까지 갈 수 없기 때문이다. 외계인이 사는 별까지 도달할 수 있을 정도로 과학기술이 발전한다면, 그 전에 인류는 파멸할 것이므로 여하튼 만나지 못한다. 설사 운이 좋아 만난다 하여도 서로에게 이로울 것은 없다. 그저 인간은 인간끼리, 외계인은 외계인끼리 자신의 행성에서 살아가는 것이 좋다.

그러나 외계인이 있다고 확신하고 그들에게 보내는 편지를 제작해 우주에 뿌린 사람이 있다. 칼 세이건(Carl Edward Sagan 1934~1996)이다. 세이건은 미국의 천문학자이자 우주선 계획에 참여한 우주과학자이다. 1969년 아폴로 11호 발사에 참여했으며, 1972년 인류 최초로 태양계를 벗어난 파이어니어(Pioneer) 10호와 11호가 발사될 때 외계인에게 보내는 메시지 알루미늄 판을 제안한 교섭자(交涉者)이기도 하다. 물론 지금까지 그 판은 우주를 떠돌고 있으나 답은 아직 오지 않았다.

코스모스는 그리스어로 kosmos이고 '정연한 질서로서의 세계'를 말한다. 그 반대말은 '세계 생성 이전의 혼돈'을 뜻하는 카오스(Chaos)이다. 그래서 Cosmos는 '질서 있는 시스템으로서의 우주'를 의미한다. 인간은 부단한 노력으로 자연의 여러 원인과 결과, 현상을 밝혀왔는데 아직 밝히지 못한 것도 많다. 우주의 기원, 생명의 본질, 두뇌의 기능은 여전히 어둠속에 있다.

우주에 대해서는 그나마 『코스모스』가 있어서 대략이라도 알 수 있다. 원래 TV 특집으로 제작된 것을 책으로 엮었기 때문에 어렵지 않으며 재미있는 이야기도 많이 등장한다. 또한 사진과 도표도 풍부해서 이해가 빠르다. 『코스모스』는 이렇게 시작한다.

> 지금 우리가 알지 못하는 사실들이 오랜 세월 연구를 거듭하는 동안 언젠가 밝혀질 날이 올 것이다. 그러나 과제는 너무 광범위하다…… 그러므로 여러 세대를 거친 후에야 우리는 우주의 지식을 밝힐 수 있을 것이다.
>
> — 세네카 『자연의 질문』(Nature Questions) 제7권

세네카(Lücius Annaeus Seneca)는 기원전 4년에 태어나 BC65년에 사망했다. 2000년 전에 훗날 누군가 우주의 비밀을 밝힐 것이라고 예언한 것이다. 그 예언이 칼 세이건에 의해 실현되어 전 세계의 평범한 사람들이 우주에 대해 '대략이나마' 알게 되었다. 이 책은 이렇게 끝난다.

> 우리는 우주의 구석에서 자라나 자기 인식을 할 줄 아는 인간이 되었다. 이제 인간은 인간의 기원에 대해 생각하고 있다…… 인간은 인류에 대해서 그리고 지구에 대해서 충성심을 가져야 한다. 우리는 생존해 남아야만 한다.

그 생존의 의무는 우리를 위한 것이 아니다. 우리는 우주에 대해서도 의무를 지고 있다. 시간적으로 영원하고 공간적으로 무한한 그 우주에서 우리가 생겨났으므로.

칼 세이건은 500편이 넘는 논문을 썼고, 많은 과학책을 집필했다. 유일한 소설 『콘택트』(Contact)는 1997년 영화로 제작되었다. 『코스모스』는 1980년 간행되어 지금도 팔리는 천문학의 독보적인 책이다. 우리나라에서는 [학원사]에서 첫 발행(유명한 조경철 박사가 감수)했으나 지금은 [사이언스북스]에서 간행한다.

❖ 역사

『사기열전』(史記列傳)

선과 악, 충절과 배신의 드라마

『사기』(史記)는 원래 130권으로 이루어져 있다. 중국이라는 나라는 인구도 많고, 땅도 넓고, 물산도 풍부해서 한번 저술을 했다 하면 그 분량이 아주 다대하다. 삼국지, 수호지, 열국지, 홍루몽, 금병매 등도 분량이 아주 길다. 이 책들은 그나마 소설이기에 읽을 수 있지만 전문 학자가 아닌 이상 130권에 달하는 책을 읽기는 쉽지 않다(그럴 필요도 없다). 그래서 사기 중에서 인물에 관한 부분만 따로 엮은 것이 『사기열전』(史記列傳)이다. 그런다 해도 분량은 여전히 많다. 그런다 해도 읽지 않을 수는 없다.

열전에 소개된 사람들은 정치인, 귀족, 문인, 학자, 군인, 모사가, 자객, 협객, 해학가, 관리, 반역자, 점술가, 의사, 장사꾼 등 우리 삶의 모든 직업을 망라한다. 즉 우리 자신의 이야기이다. 널리 알려진 백이와 숙제 이야기를 담은 『백이열전』(伯夷列傳)으로 시작한다. 이어 관자(管子), 안자(晏子), 노자(老子), 한비자(韓非子), 손자(孫子), 오자서(伍子胥), 공자(孔子)의 제자들, 소진(蘇秦), 장의(張儀) 등등으로 이어진다. 학창시절에 한번쯤 들어보았을 이름들이다. 그러므로 그렇게 어렵지 않다.

> 신이 듣건대, 깃털도 쌓이면 배를 가라앉히고, 가벼운 물건도 많이 실으면 수레의 축이 부러지고 여러 사람의 입은 무쇠도 녹이고, 여러 사람의 비방이 쌓이면 뼈도 녹인다고 합니다.

장의가 위(魏)나라 왕 애왕(哀王)에게 한 진언이다. 말은 맞지만 이 말의 저의는 매우 의심스럽다. 이 말에 따라 애왕은 합종(合從)의 맹약을 저버리고 진(秦)나라에 화친을 청했으나 곡옥(曲沃) 땅을 빼앗겼고 결국 BC 225년 멸망했다.

『사기』는 2000년 전의 이야기이다. 현대의 관점에서 보면 맞지 않을 수도 있다. 1999년에 『사기열전』을 번역한 김원중은 이렇게 말했다.

(사기열전은) 우리의 인생관에 있어서 '어떤 방식에 의해 살아가야 하는가?'라는 물음에 대한 다양한 대답과 제안으로 이루어졌다. 우리가 살아가면서 그리고 보다 나은 삶을 살아가기 위해서 겪는 고충을 사마천은 거의 모든 인물들이 똑같이 겪었음을 역사적 사실을 통해 말해준다.

선인과 악인, 음모와 충절, 인과 불인이 복잡하게 얽혀 있는 인간관계와 그것의 올바른 해답을 들려준다. 그러므로 인물기가 아니라 교훈서라 할 수 있다.

『사기』(史記)는 여러 사람에 의해 번역되어 여러 출판사에서 나왔다. 수고스럽지만 서점에서 책을 일일이 들춰보고 자신의 성향(혹은 수준)에 맞는 책을 골라서 읽으면 된다. 축약본도 있으며 소설로 각색한 책도 있다. 전체를 다 읽기가 벅차다면 재미있다고 생각되는 부분만 읽어도 된다. 단, 읽기 전에 중국의 고대사에 대한 지식이 있어야 한다. 머리말에서도 말했듯이 결국 모든 책의 출발점은 '역사'라는 사실을 잊어서는 안 된다.

『러시아 혁명사』

낡은 것을 무너뜨리는 힘

세계의 3대 혁명은 프랑스 대혁명, 러시아 혁명, 미국 독립전쟁이다.

프랑스 혁명은 민주, 인권, 평등의 출발점이고, 러시아 혁명은 억압적 구왕조의 몰락과 공산주의를 확립시킨 혁명이며 미국 독립전쟁은 식민주의의 종말을 고함과 동시에 자본주의와 민주주의 시대를 열었다. 미국 독립전쟁을 굳이 책으로 읽을 필요는 없지만 러시아 혁명과 프랑스 혁명에 대해서는 알아야 할 필요가 있다.

러시아 혁명은 보통 1905년부터 1917년까지 진행된 러시아의 사회변혁 과정을 지칭한다. 연대기로는 약 15년에 걸쳐 진행되었지만 혁명의 기운은 훨씬 전부터 조성되었다. 로마노프(Romanov) 왕조 마지막 황제인 니콜라이 2세(Nicholas II)의 무능과 아집이 러시아 왕조의 몰락을 자초했는데 그 이면에는 복잡한 사연이 있다. 아들 알렉세이(Alexei Nikolaevich)가 혈우병에 걸렸는데 그것을 치료하기 위해 황후 알렉산드라 표도로브나가 거의 미친 행위를 되풀이했고, 그것이 왕조의 멸망을 초래했다. 그 과정은 로버트 K.매시의 『마지막 겨울 궁전』이라는 책에 자세히 묘사되어 있다. 우리가 잘 아는 아나스타샤(Anastasia)는 니콜라이의 넷째 딸이다.

위 책이 소설 형식인 것에 반해 김학준의 『러시아 혁명사』는 역사적으로 러시아 혁명의 원인, 과정, 결과를 추적한 보기 드문 역작이면서도 거의 유일한 책이다. 1825년 '12월 당원의 반란'으로부터 1917년 '볼셰비키 집권'에 이르기까지의 과정을 자세히 들려준다. 1979년 초판이 나왔고, 1999년에 수정증보판으로 재발행되었다.

니콜라이 2세, 러일전쟁, 피의 일요일, 파업, 민중 봉기, 전함 포템킨, 농민반란, 제1차 세계대전, 괴승 라스푸틴(Raspu′tin: 사실상 이 사람이

로마노프 왕조를 몰락시킨 주범이다. 이 같은 사람은 모든 왕가와 국가의 몰락에 반드시 존재한다), 페트로그라드 시위, 소비에트의 출현, 케렌스키, 볼셰비키 혁명, 레닌, 4월 테제, 트로츠키, 동궁(冬宮) 등이 등장한다.

전개 속도가 무척 빠르고, 번역서가 아니어서 읽기 쉽고, 흥미진진하며 긴박감이 있고, 읽고 나면 지식도 넓어진다. 하나의 왕조가 몰락하고 새로운 시대가 출현하는 과정을 통해 왜 어떤 인간은 과거에 집착하고, 어떤 인간은 새 시대를 열려 하는가를 깨달을 수 있다.

역사의 시계를 되돌려, 만일 니콜라이 2세가 개혁을 먼저 시작했다면 어떻게 되었을까? 소련이라는 나라는 태어나지 않았을 것이며 영국처럼 입헌군주국으로 탈바꿈했을 것이다. 그러나 개혁을 거부한 왕조는 결국 소멸하고 말았다. 이는 프랑스도 마찬가지다.

:: 저자 김학준(金學俊)은 서울대 정치학과 교수, 12대 국회의원과 동아일보 사장을 지냈다.
:: 『러시아 혁명사』를 읽기 전에 『마지막 겨울궁전』을 먼저 읽으면 이해가 더 빠르다.
:: 프랑스 혁명은 1789년~1848년의 2월 혁명까지를 포함한다. 그러나 1720년대까지 거슬러 올라가기 때문에 100년에 걸쳐 있는 사건이다. 그만큼 복잡하고 등장인물과 사건도 많다. 프랑스 혁명에 관한 책은 여러 권이 있으나 아쉽게도 딱히 권할 책은 없다. [위키백과]에서 전문을 다운받아 관련된 사건을 연계해 나가면서 읽으면 전체를 파악할 수 있다.

❖ 문예

『중국 시가선』
··················

시의 정수를 모으다

　중국은 시(詩)의 나라이다. 사서삼경(四書三經) 중 하나인『시경』(詩經)은 시를 모아 엮은 책이다. 시를 경전으로 인정하는 것이다. 그런 만큼 엄청나게 많은 시인들과 시들을 배출했다. 시의 형식도 다양하다. 오언율시, 칠언율시, 오언절구, 칠언절구, 고체시, 근체시……

　5천 년 동안 배출된 시인들은 헤아릴 수 없을 정도인데 굴원, 도연명, 왕유, 맹호연, 이백, 두보, 백거이, 소식, 왕안석 등이 우리에게 잘 알려져 있다. 중국 시들은 자연 예찬과 임금을 향한 충정이 주를 이룰 것 같지만 사랑, 삶의 애환, 우정, 특이한 사건, 풍경 묘사, 인생무상 등도 많다.

　『중국 시가선』은 역대 중국의 대표 시들을 모은 책으로 중어중문과 교수를 지낸 지영재가 편찬했다. 한문 원문, 음, 풀이, 설명이 첨부되어 있어 읽기 어렵지 않다.

　　　潯陽江頭夜送客(심양강두야송객)　심양강 어귀에서 밤에 손님을 배웅하려니
　　　楓葉荻花秋瑟瑟(풍엽적화추슬슬)　단풍잎, 물억새꽃. 가을은 서걱서걱
　　　主人下馬客在船(주인하마객재선)　주인은 말을 내리고 손님은 배에 올라

舉酒欲飮無管絃(거주욕음무관현) 술을 들어 마시려 해도 풍악이 없구나

백거이(白居易)의 '비파 노래(琵琶行)' 앞부분이다. 1,300년 전의 시이지만 지금 읽어도 가슴을 울린다. 한문을 많이 알지 못해도 충분히 읽을 수 있으므로 일독을 권한다.

∷ 중국 시에 대한 또 다른 책으로는 임창순의 『당시정해』(唐詩精解)를 권한다. 1999년 초판이다. 『중국 시가선』은 2007년에 첫 발행되었다.

『시학』(Poetica)

왜 우리는 시를 써야 하는가

아주 오래된 책이다. 저자는 아리스토텔레스(Aristoteles)로 되어 있는데 그가 아니라는 설도 있다. 비극(悲劇)과 희극(喜劇) 두 편으로 구분되었다 하는데 남아있는 것은 비극이다. 제목처럼 시에 대해 배우는 책, 시를 짓는 방법이라기보다 극을 쓰는 방법이 주류를 이룬다.

대략 2200년 전에 쓰여진 책이지만 지금도 동서양에서 두루 읽히며 특히 문학도에게는 필독서이다. 시의 차이점, 모방(미메시스 Mimesis), 서사시, 희극은 우스꽝스러운 것의 드라마화, 감정의 카타르시스(정화 Catharsis), 플롯, 등장인물의 성격, 서사시의 구성법칙 등에

대해 설명했다.

꼭 시를 쓰지 않더라도 글을 잘 쓰기 위해서, 나아가 모든 소설들의 구성법칙을 파악할 수 있기 때문에 한번쯤 읽어볼 책이다.

참고로 그리스의 3대 비극작가는 아이스킬러스(Aeschylus), 소포클레스(Sophocles), 유리피데스(Euripides)이다. 각각『아가멤논』,『오이디프스왕』,『트로이의 여인들』이 대표작이다.

『예언자』(The Prophet)

삶의 질서는 나를 낮추는 것

이슬람 세계의 근·현대 작가로 가장 유명한 사람은 칼릴 지브란(Kahlil Gibran 1883~1931)이다. 또한 가장 뛰어난 작가로 인정받는다. 태어난 곳은 레바논이지만 주로 미국과 유럽에서 활동했다. 만약 레바논에 계속 머물렀다면 전쟁이나 종교분쟁으로 일찍 사망했을지도 모른다. 프랑스에 머물 때 조각가 로댕(Auguste Rodin)을 만나 3년간 미술을 공부한 특이하면서도 진귀한 경험을 가지고 있다.

『예언자』는 20년 동안 구상한 작품을 쓴 산문시로 1923년 미국에서 첫 발행되었고 이후 전 세계로 퍼져나갔다. 우리나라에서는 1975년에 초역되었다. 주인공은 무스타파(선택받은 자인 동시에 가장 많은 사랑을 받은 자)이다. 그는 오르팔리스 섬에서 12년을 살다가 자신이 태어났던 섬으로 돌아가려 한다. 갑자기 슬퍼져서 마음속 깊이 생각을 하기 시작했다.

　슬픔 없는 평화로움으로 나는 왜 떠날 수 없는 것일까?

사람들은 간청한다.

　이제 우리를 우리 자신에게로 드러내 보이게 하시고, 죽음과 탄생 그 사이에서 그대 보았던 것을 모두 말씀해 주소서.

그 간청에 의해 무스타파는 사람들에게 27개의 진리를 전한다. 사랑, 결혼, 아이들, 베풂, 먹고 마심, 일, 기쁨과 슬픔, 집, 옷, 사고 파는 것, 죄와 벌, 법, 자유, 이성과 열정, 고통……

　사랑이 그대들을 부르면 그를 따르라.
　비록 그 길이 험하고 가파를지라도.
　사랑의 날개가 그대들을 싸안을 땐, 몸을 내어 맡기라.
　비록 사랑의 날개 속에 숨은 칼이 그대들에게 상처를 줄지라도.

일종의 잠언서이기도 하고, 교훈서이기도 하고, 장편 시이기도 하다. 분류가 무엇이든 마음에 위안을 주는 책이므로 한번쯤 읽기를 권한다.

:: 지브란은 여러 권의 책을 썼는데 『보여줄 수 있는 사랑은 아주 작습니다』는 한때 베스트셀러였다.

『아라비안 나이트』(Arabian Nights)

이슬람 이해의 첫 걸음

이슬람의 세계를 기본적으로 이해할 수 있는 대하소설이다. 일명 천일야화(千一夜話)라 부르는데 1000일 밤의 이야기가 아니라 1001일 밤의 이야기다. Alf Laylah Wa Laylah, The Arabian Nights´ Entertainment, Thousand and One Night 등으로도 불린다. 주요 이야기 180편과 짧은 이야기 108여 편이 있다. 우리가 잘 아는 『알리바바와 40인의 도적』, 『신드바드의 모험』, 『알라딘의 요술램프』 등의 출전이 모두 『아라비안 나이트』이다.

위 세 이야기의 주요 테마는 보물(보석), 재물이다. 40인의 도적은 동굴 속에 보물을 감추어두었다. 그것을 열려면 "열려라! 참깨"라는 주문을 외워야 한다. 신드바드는 청년 시절 거지로 지내다가 바다로 모험을 떠나 엄청난 보물을 얻는다. 알라딘은 낡은 램프를 문질러 원하는 모든 것을 얻는다.

이 이야기들의 의미는 무엇일까?

중동 땅은 사막이다. 물이 귀하고, 땅을 파면 검은 물만 나온다. 태초부터 그곳에 살았던 사람들은 자신의 터전을 저주했다. 그러나 시간이 흐르면서 검은 물은 돈이 되었다. 이제 석유는 세계를 호령하는 힘이 되었고 중동 국가들은 엄청난 부를 벌어들이고 있다.

'열려라! 참깨' 한마디에 부의 문이 활짝 열린 것이다. 알라딘처럼 램프를 문지르기만 하면 지니(Genie)가 모든 것을 가져다준다. 그 지니가 석유이다. 즉 『아라비안 나이트』는 이슬람 민족의 미래를 예측한 예언서라 할 수 있다. 그러나 부에 관한 이야기만 있는 것은 아니다. 사랑, 죽음, 배신, 충절, 올바른 삶에 대한 이야기가 더 많다.

분량이 너무 길어 읽는 데 시간이 많이 걸리고, 이야기가 중복되고, 등장인물도 많고, 사건도 복잡해서 한참 읽다보면 두뇌에 부담을 느낀다. 전체를 다 읽으려 하지 말고 1/3만 읽어도 이슬람의 역사와 문화, 인식, 정서, 풍속을 가늠할 수 있다. 여러 번역본이 있는데 [정음사] 판본(전4권)을 권한다.

❖ **그 외에 좋은 책들**

『국화와 칼』 루스 F. 베네딕트
『나를 운디드니에 묻어주오』 디 브라운
『나에게는 꿈이 있습니다』 마틴 루터 킹
『내 영혼이 따뜻했던 날들』 포레스트 카터
『드레퓌스 사건과 지식인』 N. 할라즈

『무소유』 법정

『바람이 불어오는 곳』 이어령

『백범일지』 김구

『서양미술사』 에른스트 곰브리치

『성의 역사』 미셸 푸코

『세계사 편력』 자와할랄 네루

『소유냐 삶이냐』 에리히 프롬

『소크라테스의 변명』 플라톤

『슬픈 열대』 레비 스트로스

『아무도 미워하지 않는 자의 죽음』 잉게 숄

『역사』 헤로도토스

『역사란 무엇인가』 E.H 카

『열린사회와 그 적들』 칼 포퍼

『오래된 미래』 헬레나 노르베리

『월든』 헨리 데이빗 소로우

『인간없는 세상』 앨런 와이즈먼

『자본주의 정신과 반자본주의 심리』 루드비히 폰 미제스

『자유를 향한 머나먼 여정』 넬슨 만델라

『장자』 장자

『죽음의 수용소에서』 빅터 프랑클

『지식인을 위한 변명』 장 폴 사르트르

『짜라투스트라는 이렇게 말했다』 니체

『체 게바라 평전』 장 코르미에
『총·균·쇠』 재레드 다이아몬드
『축소지향의 일본인』 이어령
『티벳 사자의 서』 파드마 삼바바
『해방 전후사의 인식』 송건호 외
『황금가지』 제임스 조지 프레이저

꼭 읽기를 바라는 한국 소설

여기 실린 목록은 한국 소설 중에서 '비교적' 명작의 반열에 오른 작품들이다. 2000년대 이후에 발표된 소설을 읽기 전에 이 목록의 작품을 먼저 읽기 바란다.

선정 기준은 순전히 '나의 취향'이다. 자신이 읽은 명작이 수록되지 않아 의아하게 생각할 수도 있고, 그러므로 이 목록이 엉터리라고 생각할 수도 있다. 그것은 각자의 성향이다. 아니면 이제까지 잘못된 독서의 길을 걸어온 것인지도 모른다.

비교적 현대소설 위주로 하되 꼭 읽어야 할 근대기 소설도 포함했다(저자 가나다순).

단편소설은 너무 많아서 열거하기 어렵다. 우리나라에 통상적으로 10권의 문예지가 있고, 매월 3편의 단편이 실리면 1년에 10×3×12=360여 편의 소설이 발표된다. 광복 이후부터 계산하면 대략 20,000여 편이 발표된 셈이다.

예컨대 박완서만 하여도 『조그만 체험기』를 비롯해 80편이 넘는다. 그 많은 작품들을 다 읽기는 쉽지 않다. 자신이 좋아하는 작가의 소설집부터 순차적으로 읽어나가는 것이 좋다.

여기에 소개된 책이 너무 많다면 주제별로 선정해 10권만이라도 읽어라.

❖ 근대기 작품

강경애 『인간문제』
계용묵 『백치(白痴) 아다다』
김동인 『감자』를 비롯한 단편소설, 장편 『운현궁의 봄』
김유정 『동백꽃』을 비롯한 단편소설
김정한 『사하촌』
나도향 『벙어리 삼룡(三龍)』, 『물레방아』, 『뽕』
박태원 『소설가 구보 씨의 일일』
손창섭 『잉여 인간』
염상섭 『두 파산』, 『삼대』
이범선 『오발탄』
이 상 『날개』를 비롯한 단편소설
이태준 『가마귀』, 『복덕방』, 『해방전후』
이효석 『메밀꽃 필 무렵』을 비롯한 단편소설
전광용 『꺼삐딴 리』
전영택 『화수분』

정비석 『자유부인』
주요섭 『사랑방 손님과 어머니』, 『아네모네 마담』
채만식 『탁류』
현진건 『운수 좋은 날』, 『빈처』

❖ 현대기 작품

강석경 『숲속의 방』

제10회(1985년) '오늘의 작가상' 수상작. 민주화운동이 치열했던 1980년대가 배경이다. 그 무렵 한강에서 투신자살한 여대생이 있었는데(당시에는 청년 자살이 극히 드물었다) 그와 맞물려 이 소설은 엄청난 이슈를 불러일으키며 베스트셀러가 되었다. 이념 대립, 청년들의 혼란과 갈등을 여성 특유의 감성적 문장으로 묘사했다. 현대 사회의 고립된 개인을 다양한 측면에서 파헤친 수작이다.

> :: '오늘의 작가상'은 민음사(계간 세계의 문학)에서 주관하는 상이다. 시와 소설을 병행하지만 주로 소설이 상을 받았다. 초기에 걸출한 작품들을 선정하면서 한국 문단을 이끌어왔다.

강유일 『배우수업』

오늘날의 독자에게는 낯선 작가, 낯선 작품이다. 1976년 경향신문 장편소설공모에 당선된 장편소설로, 당시로서는 생경한 주제인 안락사 문제를 다뤄 큰 화제를 모았다. 여성으로서는 보기 드물게 짧고 간결한 문체가 특징이다. 1994년 독일로 건너가 라이프치히대학 독일문학연구소에서 강의와 연구를 병행하고 있다는 보도가 있었다.

김동리 『무녀도』, 『사반의 십자가』

현대 문학 1세대 작가. 원로 중의 원로로 평가받는다. 한국의 전통, 자연, 순수한 토속성을 주제로 많은 소설을 집필했다. 『무녀도』는 1936년에 발표된 단편을 광복 후인 1947년에 개작했다. 한국의 전통적 샤머니즘과 외래종교인 기독교와의 갈등을 그렸다. 한국어(語)의 본향(本鄕)이 무엇인지를 알고 싶다면 이 소설을 읽어야 한다.

김성동 『만다라』

승려 출신의 장편소설. 1978년 '한국문학신인상' 당선 작품으로, 불교의 세계를 그린 최초의 본격소설이다. '만다라(曼茶羅)'는 밀교(密

敎)에서 발달한 상징의 형식을 그림으로 나타낸 불화(佛畵)이다. "원래는 '본질(manda)을 소유(la)한 것'이라는 의미였으나, 밀교에서는 깨달음의 경지를 도형화한 것을 일컫는다"고 소개되어 있다. 땡초(땡추)가 이 절 저 절 돌아다니며 분란을 일으키는 전개가 흥미롭다. 병속의 새를 어떻게 꺼낼 것인지 곰곰 생각해보라.

:: 불교소설은 한승원의 『아제아제 바라아제』, 김동리의 『등신불』, 정채봉의 『오세암』, 남지심의 『우담바라』 등이 있다.
:: 승려로 지내다가 환속한 대표적 시인으로는 고은(본명 고은태)이 있다.

김성종 『여명의 눈동자』

등단은 단편소설 『경찰관』으로 했으나 주로 장편을 집필했다. 1974년 『최후의 증인』을 발표하면서 우리나라 추리문학에 본격 태동을 걸었다. TV로도 방영되어 엄청난 인기를 끌었던 『여명의 눈동자』를 비롯해 『일곱개의 장미 송이』, 『제5열』 등이 널리 알려져 있다. 지금도 많은 사람들이 기억하고 있는 윤여옥(채시라), 최대치(최재성), 장하림(박상원)을 통해 일제-태평양전쟁-위안부-광복-남북 대립-한국전쟁의 치열한 역사를 그려냈다. 대하소설을 좋아하는 독자에게 귀중한 선물이다.

김승옥 『무진기행』을 비롯한 모든 소설

1941년 태어나 21살 때인 1962년에 신춘문예로 등단했다. 그해에 동인지 『산문시대』(散文時代)를 만들어 활동을 시작했는데 김승옥의 등단으로 인해 한국문학은 근대를 벗어나 현대로 진입했다. 무수히 많은 단편·중편소설을 발표했는데 『무진기행』, 『서울, 1964년 겨울』, 『1960년대식』 등은 압권이라 할 수 있다. 1977년 『서울의 달빛 0장』으로 제1회 이상문학상을 받은 이후 사실상 집필을 중단했다. 그의 집필 중단(절필[絶筆]은 아니다)은 한국문학의 가슴 아픈 상실이다.

:: 김승옥은 『서울의 달빛 0장』 이후 『1장』, 『2장』, 『3장』······ 등을 계속 쓰겠다고 했으나 아직까지는 이루어지지 못했다.

김원일 『마당 깊은 집』

한국전쟁의 상흔을 주 테마로 하여 시골마을을 무대로 묘사한 작가이다. 고향이 경남 김해군 진영리이다. '보도연맹'이 자주 등장하는 요소이다. 많은 중단편과 장편이 있으며 장편 『마당 깊은 집』이 독자의 사랑을 받았다. 전쟁이 끝난 후 대구의 넓은 마당을 소유한 집에 거주하는 6가구가 일으키는 다양한 사건을 통해 다채로운 인물들의 애환과 인생살이를 들려준다. 분단문학의 대표로 불린다. 동생 김원

우도 소설가였으며 단편소설 『무기질 청년』과 『방황하는 내국인』을 권한다.

> :: 보도연맹은 한국소설의 주요 소재 중 하나이다. 어떠한 사건을 보도하는 언론인 단체로 오해하는 사람들이 간혹 있다. '국민보도연맹'(國民保導聯盟)의 줄인 말로 1949년 좌익운동을 하다 전향한 사람들로 조직한 반공단체였다. 그 숫자가 30만 명에 이르렀는데 전쟁이 발발하자 무차별 체포와 즉결처분으로 많은 사람이 죽었다.

김주영 『도둑견습』, 『모범사육』, 『어린 날의 초상』, 『홍어』

걸출한 외모의 다양성 작가이다. 전쟁소설, 사회비판 소설, 하층민 소설, 세태소설을 거쳐 『객주』로 대표되는 역사소설까지 다양한 주제를 작품 속에 녹여냈다. 황석영과 더불어 '이야기꾼'으로서의 재능을 유감없이 발휘한 작가이다. 『고기잡이는 갈대를 꺾지 않는다』와 함께 『홍어』는 성장소설의 전범(典範)으로 평가받는다.

김호경 『낯선 천국』

예기치 않은 사건에 부딪친 金, 李, 朴 3명의 인생 몰락을 건조하고 간결한 문체로 묘사한 장편. 제21회(1997년) '오늘의 작가상' 수상작으로, 선정 당시에 논란을 불러일으켰다. 그럼에도 불구하고 소개하는 이유는 마약으로 인해 파멸되어가는 사람들의 어긋난 운명을 그린 최초의 소설이기 때문이다.

박경리 『김약국의 딸들』, 『시장과 전장』

대하소설 『토지』로 잘 알려진 현대 문학 1세대 작가. 여류소설가의 태두이다. 태어난 곳은 경남 통영이지만 1980년에 강원도 원주에 정착했다. 초기에는 단편, 이후에는 장편을 많이 썼다. 김약국의 주인 김봉제와 그의 첫째딸 용숙, 둘째딸 용빈, 셋째딸 용란, 넷째딸 용옥을 등장인물로 한 가문의 몰락 과정을 치열하게 묘사했다. 한국 근대사회의 변화를 파악할 수 있는 뛰어난 작품이다. 1970~80년대 민주화 운동의 상징이었던 시인 김지하(본명 김영일)가 사위이다.

박영한 『머나먼 쏭바강』, 『왕룽일가』

작가의 체험을 바탕으로 집필된 베트남전 장편소설. 제2회(1977년) '오늘의 작가상' 수상작이며, 전쟁소설로서는 한국을 넘어 세계적 작품이라 할 수 있다. 베트남의 다양한 풍물, 전쟁의 참상, 매춘부로 살아가는 여성들 등 전쟁으로 인한 베트남 사람들과 참전 병사들의 애환이 풍성하면서도 다이나믹하게 담겨 있다. 『왕룽일가』는 1989년 TV로 방영되어 대히트를 쳤다. 극중 인물이었던 최주봉을 지금도 '쿠웨이트박'이라 부르는 사람이 있다.

∷ 베트남 전쟁을 다룬 또 다른 소설은 안정효의 『하얀 전쟁』이다. 안정효는 『헐리우드 키드의 생애』, 『은마는 오지 않는다』 등 여러 편의 소설을 썼으나 번역가로 더 유명하다. 황석영은 『탑』이라는 소설로 신춘문예에 등단했는데 베트남 전쟁이 무대이다.
∷ 왕룽(王龍)은 펄 벅의 『대지』의 주인공이다.

박완서 『나목』, 『도시의 흉년』, 『엄마의 말뚝』

한국 여성 문학의 새로운 경지를 개척한 작가. '죽은 나무'(枯木)가 아닌 '벌거벗은 나무'(裸木)를 통해 인생과 예술, 사랑의 굴곡진 모습을 유려한 문장으로 보여주었다. 1970년 『여성동아』 여류 장편소설 공모에 당선된 작품이며, 이후 무수히 많은 단편, 장편소설을 발표했다. 1977년 간행된 수필집 『꼴찌에게 보내는 갈채』는 우리나라 최초의 '청춘에게 보내는 격려문집'이라 할 수 있다. 박완서의 등장은 한국 문학의 일대 행운이었다.

박일문 『살아남은 자의 슬픔』

제16회(1992년) '오늘의 작가상'을 받은 장편소설. 1980년대의 민주화 운동을 배경으로 한 청년의 극심한 변화와 갈등을 그렸다. 어머니의 자살, 학생운동과 노동운동, 해고, 투옥, 출가 등 굴곡 많은 삶이 처연하게 그려진다. 출간 당시에는 베스트셀러였으나 이후 잊혀져간 명작이 되었다.

방영웅 『분례기』

1967년 『창작과 비평』에 연재되었던 장편소설. 똥통에서 태어났다 하여 분례(糞禮)라는 이름을 얻은 한 여인의 기구한 일생을 그렸다. (예전에) 미친 남자는 손에 아무것도 쥔 것 없이 돌아다니는 데 반하여 미친 여자는 보따리 하나를 꼭 들고 다녔다. 그 이유가 무엇인지를 알고 싶다면 이 소설을 읽어라. 가장 한국적인 소설이라 생각한다.

복거일 『비명(碑銘)을 찾아서』

가상의 미래를 그린 장편소설. 굳이 분야를 나누자면 '지적 역사 탐구' 소설로 분류된다. 한국이 여전히 일본의 지배를 받는 미래에 한글의 존재를 찾아 탐구 여행을 떠나는 한 남자의 여정을 그렸다. 발표 이후 문단의 주목을 받았으며 주로 문필가(칼럼)로 활약했다. 2200년 즈음에 한국이 자연 소멸한다는 유엔의 예측이 결코 틀리지 않았음을 일찌감치 예언(1987년)했다고도 볼 수 있다. 서울대를 졸업했으며 "지적(知的) 소설을 쓰려면 많이 배워야 하는가?"라는 의문을 던져준 작가이다. 이병주, 이청준, 최일남과 함께 4대 지적 소설가라 생각한다.

서영은 『사막을 건너는 법』, 『살과 뼈의 축제』, 『먼 그대』

2세대 여류소설가. 여성의 감추어진 내면을 주로 파헤쳤다. 출판사에서 일하는 노처녀 '문자'의 꼬질꼬질하고 비호감 가득한 행동, 아무도 알지 못하는 그녀의 불행한 비밀을 담담하게 그린 『먼 그대』가 독특하다. 마음속에 키우는 낙타 한 마리는 누구에게나 있는 삶의 동반자이다. 『사막을 건너는 법』은 베트남에서 돌아온 병사의 의식을 그린 단편이고, 『살과 뼈의 축제』는 주인공 수진이 진정한 자신을 찾아가는 과정을 그렸다.

송기원 『월행』, 『월문리에서』

불우한 가정환경으로 방황을 거듭하다가 뛰어난 문필력으로 작가가 되었다. 1974년 동아일보 신춘문예에 시 '회복기의 노래'와 중앙일보 신춘문예에 소설 『경외성서』(經外聖書)가 동시에 당선되어 시인과 소설가가 한꺼번에 된 이력을 가지고 있다. 시보다는 소설이 더 알려져 있다. 한번쯤 들어보았을 『너에게 가마 나에게 오라』를 썼으며, 전쟁의 상처를 담은 『월행』은 한국 단편소설 중에서 가장 우수하다는 평을 받았다.

송 영 『투계』, 『선생과 황태자』, 『땅콩껍질 속의 연가』

한국의 많은 작가들 중에 가장 고통스런 유년~청년 시절을 보낸 소설가. 어렵사리 대학을 졸업하고 해병대 장교로 입대했으나 탈영하여 오랫동안 쫓김을 받았다. 그의 인생 자체가 한 편의 대하소설이라 할 수 있다. 전남 백수읍 염산이라는 깊은 산골에서 망연하게 바라본 닭싸움을 바탕으로 쓴 것이 『투계』(鬪鷄)이다. 우울한 소설들이 대종(大宗)을 이루나 장편 연애소설 『땅콩껍질 속의 연가』는 잠깐이나마 베스트셀러가 되었다.

신상웅 『히포크라테스 흉상』

"나의 양심과 위엄으로서 의술을 베풀겠노라"라는 '히포크라테스

선서'를 바탕으로 부대 내에서 한 병사의 급작스런 배 아픔과 그를 치료하는 과정을 담은 장편소설. 군대와 의학이라는 소재를 하나로 묶은 특이한 소설이다. 문학 지망생에게 필독서이면서도 재미도 있다. 많은 먹거리 중에 하필 무를 먹은 것이 치명적이라는 결과가 안타깝기만 하다.

:: 병원을 무대로 한 소설은 로빈 쿡(Robin Cook)의 『코마』(Coma), 야마사키 도요코(山崎豊子)의 『하얀 거탑』이 유명하다.

오정희 『완구점 여인』, 『저녁의 게임』, 『중국인 거리』

2세대 여류소설가. 주로 단편을 발표했다. 밝고 명랑한 삶보다는 음울하고 어두운 인간의 내면을 현실적으로 치밀하게 묘사했다. 『완구점 여인』은 신춘문예 당선작이고, 『저녁의 게임』은 이상문학상 수상작이다. 늦은 저녁 아버지와 화투를 치는 딸의 반복되는 일상이 우울하고 그로테스크하게 그려져 있다. 생판 모르는 남자와 섹스를 치르는 장면이 독자를 아연실색케 한다.

유재용 『관계』, 『성역』, 『누님의 초상』

장중한 주제를 진지하게 다룬 소설가. 장애인 장현삼의 수발을 드는 주인공이 점차 자신을 잃어가면서 장현삼으로 변하는 과정을 그린 단편 『관계』가 탁월하다. 이 작품으로 1980년 4회 이상문학상을 받았다. 장편 『성역』은 꼭 그곳으로 가고자 하지만 가지 못하는 착한 남자와 행운스럽게 그곳에 가는 나쁜 남자의 인생을 대비적으로 그린 수작이다. 성역(聖域)은 지금도 우리 사회 곳곳에 존재한다.

유주현 『황녀』, 『탈고 안 될 전설』, 『장씨 일가』

1세대 역사 소설의 대가. 『조선총독부』, 『대원군』 등의 묵직한 역사 소설로 이름을 날렸다. 장편 『황녀』(皇女)는 고종의 숨겨진 딸인 이문용(李文鎔) 옹주(덕혜옹주와는 다른 인물)의 서러운 삶을 그린 소설이다. 『탈고 안 될 전설』은 교과서에 실렸던 여승과 도시 남자의 이야기를 담은 수필이다. 싸가지 없는 현대적 가족의 비도덕성을 풍자한 『장씨 일가』도 일품이다.

:: 역사 장편소설은 유현종의 『대제국고구려』(원제 연개소문), 이병주의 『바람과 구름과 비(碑)』, 최학의 『서북풍』, 박종화의 『여인천하』, 정비석의 『소설 초한지』, 김성한의 『임진왜란』 등이 있다.

윤후명 『돈황의 사랑』, 『모든 별들은 음악 소리를 낸다』

처음에는 시로 등단했으나 단편 『산역』이 신춘문예에 당선되면서 소설가를 병행했다. 한국의 전통적, 원형적 주제를 주로 다루었다. 서역(西域)이 과연 우리나라와 어떤 관계가 있는지를 파헤친 소설이 『돈황의 사랑』이다. 법학을 권하는 변호사 아버지와 "모든 사람은 별이야"라고 읊어대는 아들의 갈등을 그린 『모든 별들은 음악 소리를 낸다』가 수작으로 꼽힌다. 철학과 출신으로서 문체와 소재의 독특함이 눈길을 끄는 작가이다.

윤흥길 『회색면류관의 계절』, 『아홉켤레의 구두로 남은 사내』, 『장마』

산업사회를 살아가는 중산층과 하층민의 기이한 만남과 묘한 결말을 들려주는 소설. 이른바 광주대단지(경기도 성남, 1971년) 사건을 무대로 몰락한 인텔리의 이해할 수 없는 성향을 보여준다. 돈이 필요해 강도로 돌변한 사내가 남긴 9켤레의 구두는 과연 무엇인지가 이 소설의 핵심이다. 원광대학교를 졸업한 작가는 전북 익산을 배경으로 『땔감』 등 여러 편의 단편을 집필했다. 1983년 발표한 『완장』은 한국 사회의 권력질과 갑질을 우스꽝스럽게 비판한 소설이다.

이만교 『결혼은, 미친 짓이다』

3세대 작가의 가벼운 사랑소설. 격변의 시대인 80년대가 저물고, 모색의 시대인 90년대가 끝나고, 비전의 시대인 2000년대의 포문을 연 짧은 장편이다. 핸드폰이 등장하고, 인터넷이 지배하고, 결혼에 대한 인식이 급변하고, 세상을 살아가는 도덕의 개념이 바뀌었음을 선언했다. 2세대 작가들의 퇴장과 3세대 작가의 등장을 알린 소설이었으나 이후 한국 소설은 장중함을 잃어버렸다.

이문구 『장한몽』, 『관촌수필』, 『우리동네』

무거운 소설가이다. 도시 변두리와 농촌을 주 무대로 소외된 사람들과 고향을 잃어가는 사람들의 애환을 그렸다. 『관촌수필』은 녹수청산(綠水靑山), 공산토월(空山吐月) 등 4자성어로 제목을 삼아 8편을 하나로 묶은 연작집이다. 『우리동네』는 김씨, 이씨, 최씨, 황씨 등이 차례로 등장한다. 두 편 모두 농촌의 와해 과정을 정감있게, 그러나 안타깝게 보여준다. 끈질긴 정신으로 황소처럼 근면하게 소설을 쓴 작가였다.

이문열 『새하곡』, 『사람의 아들』, 『들소』, 『사라진 것들을 위하여』, 『황제를 위하여』, 『그대 다시는 고향에 가지 못하리』, 『그해 겨울』, 『젊은날의 초상』, 『영웅시대』, 『익명의 섬』, 『우리들의 일그러진 영웅』, 『변경』

한국 문학의 완성자. 정치 성향에 대해 논란이 있으나 그것은 작가의 성향일 뿐이다. 이문열이 있음으로 해서 한국의 소설문학은 전반적으로 상승했다. 엄청나게 많은 단편소설과 무수히 많은 문학상을 받았으며 그에 관한 석박사 학위논문, 연구서, 평론집은 수백 권에 달한다. 『새하곡』(塞下曲)은 신춘문예 당선작이고, 『사람의 아들』은 제3회 '오늘의 작가상' 수상작이며 이문열의 이름을 본격적으로 알린 장편이다. 가문의 몰락으로 결국 소설가가 될 운명을 안고 태어난 작가이다. 몇몇 작품은 상업소설로 분류할 수 있으나 대부분의 소설이 명작이다.

이병주 『관부연락선』, 『행복어사전』, 『지리산』

지적(知的) 소설가의 원조. 박학다식, 왕성한 필력, 유려한 문장으로 많은 소설들을 썼다. 『관부연락선』은 부산(釜山)과 일본의 시모노세키(下關)를 왕복하는 여객선을 상징으로 1940년 무렵부터 광복, 한국전쟁까지의 역사 흐름을 묘사했다. 1980년대까지만 해도 "이 소설을 읽지 않으면 지성인이라 할 수 없다"는 말이 있을 정도였다. 단편 『쥘부채』, 중편 『망명의 늪』, 『철학적 살인』 등도 명작이다. 1990년대 후반 이후 우리나라에서는 지적 소설가가 사실상 소멸했다.

   :: 장편 『지리산』은 남부군(南部軍)을 다룬 소설이다. 그전에 이를 주제로 한 최초의 장편 『남부군』이 1988년 간행되었다. 저자는 이태(본명 이우태). 남부군을 이끄는 이현상(李鉉相) 밑에서 속칭 종군기자로 활약하다가 체포되었으며, 전향했다. 한때 국회의원을 지냈다.

이제하 『초식』, 『나그네는 길에서도 쉬지 않는다』

시와 동화, 소설을 쓰고 그림(캐리커처)도 그리는 다재능의 작가. [문학과 지성사]에서 발행하는 시집의 표지 인물을 많이 그렸다. 『초식』(草食)은 국회의원에 출마한 서광삼과 그를 둘러싼 건달, 모사꾼들의 행위를 통해 정치와 인심, 세태의 우여곡절을 해학적으로 그린 작품이다. 1985년 『나그네는 길에서도 쉬지 않는다』로 9회 이상문학상을 받았다. 아내의 죽음, 속초행 버스, 간호사, 백설여관 등의 요소는 추상적인 인간의 삶을 의미한다.

이청준 『병신과 머저리』, 『매잡이』, 『이어도』, 『잔인한 도시』, 『당신들의 천국』

지적(知的) 소설가의 한 명. 서울대 출신으로 "경험적 현실을 관념적으로 해석하고 상징적으로 표현하는 경향이 강하다"는 평을 받는다. 쉽게 말해 그의 소설들은 읽기 어렵고 인내심을 요구한다. 『매잡이』의 경우 여행을 다니는 민태준, 전통 고수자 곽 서방, 벙어리 중식을 통해 인간의 다양한 의식과 행동을 보여준다. 이를 이해하고 공감하는 데는 깊은 사색이 필요하다. 그러나 읽고 나면 느낌이 강하다. 보통 『서편제』를 많이 기억하지만 소록도 이야기를 다룬 『당신들의 천국』이 더 명작이다.

:: 한센병(Leprosy)을 주제로 한 시는 한하운의 작품들이 가장 유명하다.

이호철 『문』, 『닳아지는 살들』, 『서울은 만원이다』

함경남도 원산에서 태어나 한국전쟁 때 인민군으로 참전한 특이한 경력을 가지고 있다. 그런 만큼 분단에 대한 소설을 많이 썼다. 불행한 운명을 안고 살아가는 가족이 응접실에 앉아 맏딸을 기다리는 모습을 그린 『닳아지는 살들』은 동인문학상 수상작이며 『고도를 기다리며』와 유사한 이미지를 풍긴다. 『서울은 만원이다』는 개발시대의 풍광을 담은 장편으로 '무작정 상경'으로 서울로 올라온 하층민들의 고달픈 삶을 묘파했다. 이제는 잊혀진 단어인 '종3'(종로 3가. 예전에 이곳에 사창가가 있었다)을 배경으로 우울했던 역사를 보여준다.

장용학 『원형의 전설』

1세대 작가. 관념소설이라는 분야를 개척한 난해한 소설가이다. 이청준의 소설처럼 읽기 어렵지만 지적 쾌감을 느낄 수 있다. 『원형의 전설』은 최인훈의 『광장』과 비슷한 이미지를 풍기는 장편소설이다. 주인공 이장은 오빠와의 성관계를 통해 태어난 사생아이다 근친상간으로 출생한 이장은 한국전쟁 시기에 파란만장한 삶을 살다가 결국 비극적으로 생을 마감한다. 있을 수 없는 일을 현실에서 냉철하게 다룬 작품으로, 인간관계의 허구성과 삶의 의미를 되새겨보게 하는 소설이다.

> **근친상간**
>
> 근친상간은 문학에서 매우 중요한 소재이다. 문헌상 근친상간이 최초로 기록된 것은 『그리스 로마 신화』의 오이디푸스로 전해진다.

테바이(Thebai)의 왕 라이오스(Laius)는 아들을 얻었다. 그러나 신탁에 의하면 훗날 아버지의 왕위와 생명을 위협할 것이라는 경고가 나왔다. 왕은 아들을 양치기에게 죽이도록 명령했다. 양치기는 아기를 죽이지 못하고 발을 묶어 나뭇가지에 매달아 두었다. 농부가 아기를 발견해 데려다 키웠는데 오이디푸스(Oedipus)라 이름 지었다. '부은 발'이라는 뜻이다. 신화의 예언은 긍정적인 것보다는 부정적인 것이 더 많고, 그 예언은 대부분 들어맞는다.

한국의 전래 설화에 이러한 이야기가 있다.

옛날, 한 부부가 딸을 낳았다. 점쟁이가 "훗날 애비와 붙어먹을 것"이라는 점괘를 내놓았다. 아버지는 딸의 한쪽 눈을 멀게 한 다음 (비천하게 살도록) 멀리 내다 버렸다. 20년쯤의 세월이 흘러 아버지는 잔치에 참석했고 술에 취해 잠이 들었다. 일어나보니 옆에 벌거벗은 여자가 누워 있었다. 간밤에 그 여자와 섹스를 한 것이다. 그런데 여자의 한쪽 눈이 없었다. 여자는 심드렁하게 말했다.

"어렸을 때 우리 아버지가 내 눈을 멀게 한 다음에 내다 버렸어요."

일어날 일은 반드시 일어나는 것이다. 잘 아는 것처럼 오이디푸스는 왕(아버지)을 죽이고 그의 부인 이오카스테(Iocaste)와 결혼한다. 어머니인 것이다. 이것이 비극인지 희극인지의 판단은 각자의 몫이다. 소설로 가장 유명한 작품은 토마스 만(Thomas Mann)의 장편

『선택된 인간』(Der Erwählte)이다. 중세시대를 배경으로 그레고리우스의 파란만장한 삶을 보여준다. 독일 중세의 궁정시인 하르트만 폰 아우에(Hartmann von Aue)의 서사시 '바위 위의 그레고리우스'에서 힌트를 얻어 집필되었다 한다. 다행히 이 소설은 '구원'으로 끝난다.

영화로는 2010년 제작된 《그을린 사랑》(Incendies)이 '구토가 날 정도로' 걸작이다.

전상국 『우상의 눈물』

강원도 출신의 강원대 국어국문학과 교수이다. 직업에 걸맞게 주로 교육에 대한 소설을 썼다. 극적 반전이나 역동성, 재미는 없지만 우리 사회에 문제점을 제기하는 소설들을 여럿 발표했다. 『아베의 가족』은 분단소설로 분류되고, 『우상의 눈물』은 교육소설이다. 1년을 꿇어서 2학년을 두 번 다니는 고등학생 문제아를 통해 권력의 횡포와 가르침의 의미를 되새겼다. 비슷한 주제를 다룬 이문열의 『우리들의 일그러진 영웅』은 초등학교가 무대이다.

조선작 『영자의 전성시대』

1970~80년대 3조(趙) 소설가의 한 사람. 외팔이 창녀 영자의 바람 같은 삶을 그린 하층 소설. 영화로 제작되어 1970년대 개발시대를 상징하는 소설로 자리를 잡았다. 베트남전에서 돌아와 목욕탕에 취업한 때밀이(세신사), 그의 애인 창숙이, 식모를 하다가 청량리에서 매춘을 업으로 삼는 영자를 통해 배우지 못하고, 가진 것 없는 청춘들의 고군분투를 그렸다. 외팔이 영자에게 주려고 목욕탕에서 의수를 만드는 주인공의 행동은 눈물이 난다. 이제는 대부분 사라진 역 주변 사창가의 풍광이 고스란히 담긴 정통 세태소설이다.

조성기 『라하트 하헤렙』

경기고·서울대 법대를 졸업한 엘리트 작가. 지적인 문체로 무수히 많은 소설과 『삼국지』를 썼으나 『라하트 하헤렙』이 대표작이며 그 이름을 알린 출세작이다. 아버지가 식칼을 들이미는 바람에 어쩔 수 없이 문학의 꿈을 접고 법대에 입학한 주인공. 그가 군대에서 군종사병으로 복무하면서 종교적, 성적 방황을 통해 성장하는 과정을 담은 기독교적 소설이다. 성경 창세기 3장에 '화염검(火焰劍)'으로 번역된 히브리어 라하트 하헤렙은 '칼처럼 두루 도는 불길'의 뜻이다. 작가는 장로회 신학대학원을 졸업했다.

∷ 기독교 소설로는 이문열의 『사람의 아들』, 김은국의 『순교자』, 김성한의 『바비도』가 있다. 세 작품 모두 뛰어나다.

조세희 『난쟁이가 쏘아올린 작은 공』

1970~80년대 3조(趙) 소설가의 한 사람. 이름이 널리 알려진 소설가이지만 실제적으로 '난장이 연작' 외에는 작품이 드물다. 『난쏘공』은 1978년 간행 이후 거의 40년 동안 하루도 쉬지 않고 팔리는 장편소설이다. 처음에는 [문학과 지성사]에서 나왔으나 [이성과 힘]이라는 출판사로 옮겼다. 초등학생부터 대학생까지 모두 읽는 국민소설로 등극했지만 2000년대 이후 "과연 이 소설이 유효한가?"라는 의문이 제기되었다. 그러나 주제를 떠나 한 시대를 파헤치고 가족과 노동의 본질을 논한다는 점에서 명작의 위치는 흔들리지 않을 것이다. 굴뚝 청소를 한 사람 중 누가 얼굴을 씻을 것인가?라는 질문은 『탈무드』가 원전(元典)이다.

조해일 『매일 죽는 사람』, 『아메리카』, 『겨울 여자』

1970~80년대 3조(趙) 소설가의 한 사람. 사회 세태 소설을 주로 썼다. 미군 기지촌을 배경으로 댄서들, 미군들의 만행을 그린 『아메리

카』에 그 모습이 잘 담겨 있다. '이화'라는 여자를 통해 성적 욕망과 정치에의 외면을 그린 『겨울 여자』는 로맨스 대중소설이다. 가장 뛰어난 작품은 신춘문예 당선작인 『매일 죽는 사람』이다. 결국 우리 모두는 매일 죽을 수밖에 없는 삶을 살고 있음을 깨닫게 해준다.

최인호 『처세술 개론』, 『도시의 사냥꾼』, 『지구인』, 『불새』, 『깊고 푸른 밤』, 『별들의 고향』, 『타인의 방』

한국의 현대소설은 김승옥-최인호-이문열로 이어진다. 최인호가 등장하기 전까지 한국 소설은 소수예술(고급예술)이었다. 최인호가 1972년 조선일보에 『별들의 고향』을 연재하기 시작하면서부터 한국 소설은 대중예술로 대폭발했다. 품격이 떨어지는 연애소설(상업소설)도 많이 썼으나 천재 최인호가 아니었다면 한국의 소설은 지금처럼 대중의 사랑을 받지 못했을 것이다. 여러 소설 중에서 『도시의 사냥꾼』과 『지구인』을 권한다. 오늘날의 관점에서 메시지가 아리송할 수도 있으나 1970~80년대를 이해하는 최적의 소설이다.

최인훈 『광장』, 『옛날옛적에 훠어이 훠이』, 『태풍』, 『소설가 구보씨의 일일』, 『우상의 집』, 『웃음소리』

광복 이후 가장 뛰어난 작가로 인정받는다. 한국에서 노벨문학상을 받는다면 최인훈이 첫 번째였으나 우리의 역량이 미치지 못했다. 『광장』은 남한 대학에서 철학과를 다니다가 북한으로 넘어간 이명준의 인생행로가 안타깝게 그려진다. 공산포로 석방 때 남한의 품에 안긴 사람, 북으로 돌아간 사람 외에 제3국을 택한 사람들이 있었다. 이명준은 인도(India)를 택했다. 하지만 그가 낯선 땅에 닿을 수 있는지는 미지수이다. 『옛날옛적에 훠어이 훠이』는 아기장수의 탄생과 비극적 죽음을 그린 희곡이다.

:: 반공포로 석방에 관한 이야기는 2000년에 제작된 영화 『공동경비구역 JSA』에 일부 나타난다. 이 영화는 박상연의 소설 『DMZ』가 원전이다. 영화와 달리 읽기는 약간 어렵다.

최일남 『흐르는 북』

동아일보 논설위원을 지낸 만큼 모든 소설이 지적이다. 아름다운 문장이나 묘사는 드물다. 1986년 이상문학상을 받은 중편소설로 1980년대의 민주화 운동을 그렸다. 북은 깃발, 전단지, 화염병과 함께 당시 시위에 사용된 주요 투쟁도구 중 하나였다.

　∷ 민주화운동을 문학작품(소설)으로 승화시킨 작품은 드물다. 당시는 민중시가 환영을 받았는데 양성우의 『겨울 공화국』, 박노해의 『노동의 새벽』, 김지하의 『타는 목마름으로』, 신경림의 『농무』 등을 꼽을 수 있다.

하일지 『경마장 가는 길』

한때 이슈가 되었던 누보로망(Nouveau Roman) 소설의 원조. 하일지는 프랑스에서 공부하고 귀국해서 이 소설을 발표했다. 순식간에 초베스트셀러가 되었으며 소설의 새로운 면모를 보여주었다. 건조한 문체와 지적 묘사가 일품이다. 이후 여러 편의 경마장 연작을 발표했으나 『경마장 가는 길』을 능가하지 못했다. 경마장이 어디이고 무엇인지는 독자의 해석 여하에 따라 다르다. 하일지의 등단은 평지돌출(平地突出)이라고 밖에는 설명되지 않는다.

한수산 『부초』, 『사월의 끝』

흔히 '서정의 눈물방울'이라 불리는 한수산은 멜로적 소설을 많이 썼으나 사회성 소설도 적지 않다. 『4월의 끝』은 신춘문예 등단 작품이다. 불치병에 걸린 형수에 대한 이야기로 단편소설의 진수를 보여준다. 『부초』는 제1회 '오늘의 작가상' 수상작(1976년)이다. 원제는 '부평초'(浮萍草). 유랑 서커스단의 애환과 사랑, 삶이 담긴 유일한 소설이다. 1977년에 간행된 『부초』는 우리나라 북디자인(Book Design)의 효시로 인정받는다. 5공화국 때 어처구니없는 필화사건으로 투옥, 고문을 받은 사실이 유명하다.

∷ 대표적인 필화사건은 남정현의 『분지』, 김지하의 『오적』, 현기영의 『순이삼촌』, 한수산의 『욕망의 거리』, 마광수의 『즐거운 사라』, 염재만의 『반노』(叛奴) 등이 있다. 권력층 비판, 공산주의, 퇴폐 조장 등이 중요 이유이다.
∷ 남정현은 1960~70년대에 주로 활동한 소설가이다. 『분지』와 『너는 뭐냐』가 걸작이다.
∷ 현기영은 제주도를 대표하는 소설가이다. 제주 4·3사태를 그린 중편 『순이삼촌』, 이재수의 난을 다룬 장편 『변방에 우짖는 새』가 있다.

홍명희 『임꺽정』

일제강점기 조선일보에 연재된 대하소설. 벽초(碧初) 홍명희는 춘원(春園) 이광수, 육당(六堂) 최남선과 더불어 근대기 3대 천재로 추앙받았다. 광복 이후 북한으로 넘어가 부수상을 지냈다. 『임꺽정』은 완결

되지 못하고 연재가 종료되었는데 [사계절]에서 처음에 9권으로 간행되었다가 후에 10권으로 재간행했다. 홍명희가 이 소설을 완료했다면 30권 안팎이 되었을 것이라 짐작한다. 완성되지 못한 것이 한국 근대문학의 가장 큰 아쉬움이다. 내가 만약 무인도로 떠날 때 딱 1권의 책만 선택할 수 있다면 『임꺽정』을 들고 갈 것이다.

홍성원 『디데이의 병촌』, 『남과 북』

1세대 작가. 여러 편의 소설이 있으나 군대를 무대로 한 두 작품이 뛰어나다. 한국전쟁의 처음과 끝을 보여주는 장편 『남과 북』은 신문기자, 군인, 의사, 변호사 등 다양한 인물을 통해 전쟁의 참상과 의미를 밀도높게 그렸다. 『디데이의 병촌』은 전쟁 이후 강원도 휴전선 최전방 부대를 배경으로 한다. 분단문학의 대표작으로 꼽히며, 결국 전쟁은 아직도 진행중이라는 메시지를 준다.

황석영 『삼포가는 길』, 『객지』, 『장사의 꿈』

가장 남자다운 소설을 발표한 가장 남자다운 작가이다. 베트남전을 배경으로 한 『탑』으로 등단했으며 노동자, 하층민, 작부들을 주인공으로 한 소설들을 썼다. 노래로도 유명한 『삼포가는 길』의 정씨, 백화,

노영달 3인은 산업화 시대에 고향을 잃은 노동자들, 즉 우리 자신이다. 그들의 방랑을 통해 현대인의 방황을 그린 걸작이다. 1980년에 발표된 장편 『어둠의 자식들』은 일대 폭풍을 몰고 온 소설이었다. 『장길산』은 박경리의 『토지』, 최명희의 『혼불』과 더불어 3대 대하소설로 손꼽힌다.

황순원 『소나기』, 『카인의 후예』, 『나무들 비탈에 서다』

교과서에 실린 『소나기』로 누구나 알고 있는 현대 문학 1세대 작가이다. 『카인의 후예』는 1954년 발표되었으며 무대는 북한(작가의 고향이 평안남도 대동군)이다. 젊은 지식인 박훈과 공산주의자 오도섭의 딸 오작녀가 주인공이다. 공산주의 치하에서 투쟁하며 살아가는 사람들의 절박함과 사랑, 죽음을 그렸다. 『나는 바퀴를 보면 굴리고 싶어진다』로 유명한 시인 황동규가 아들이다.

❖ 더 읽어야 할 작가와 작품

김문수　『만취당기』
김소진　『자전거 도둑』
김영현　『깊은 강은 멀리 흐른다』

박범신 『토끼와 잠수함』
박상륭 『죽음의 한 연구』
서정인 『후송』
선우 휘 『노다지』 장편
성석제 『아름다운 날들』
송기숙 『자랏골의 비가』
이균영 『어두운 기억의 저편』
이병천 『사냥』
이승우 『생의 이면』
이외수 『들개』, 『장수하늘소』
이혜경 『길위의 집』
임철우 『붉은 산 흰 새』
최수철 『맹점』
최인석 『내 마음에는 악어가 산다』, 『새떼』, 『구경꾼』
하근찬 『수난2대』

베스트셀러에 대하여

　베스트셀러(Bestseller)는 통상 "일정 기간에 일정 장소에서 가장 많이 팔린 상품"을 의미한다. 책의 경우 '대형서점'(장소)에서 분야별로 '주간 단위'(기간)로 발표하며, 1년을 결산하여 〈연간 종합베스트셀러〉를 집계한다. 비슷한 단어로 Fast Seller가 있고, 반대의 단어로 Steady Seller가 있다. 세 단어 모두 '좋은 책'(Good Book)의 의미는 없다(그럼에도 불구하고 Steady Seller가 조금 더 Good Book에 가깝다).
　베스트셀러는 그 시대에 평범한 사람들이 어떤 책을 읽었느냐를 통해 시대상을 가늠할 수 있다, 라고 호사가들은 말한다. 정말 그럴까?
　여기에 실린 리스트는 1980년대부터 2010년대까지 40년 동안 우리나라 베스트셀러 120종을 일목요연하게 보여준다. 자세히 보면 시대상을 반영한다는 느낌이 들지 않는다. 1980년대에 사회과학서가 약간 강세를 보여 그 시대가 민주화운동 시기였음을 보여줄 뿐이다. 소설은 시대를 불문하고 늘 팔리며, 특이한 주장이나 이론을 담은 책 역시 항상 독자의 선택을 받는다.
　나 개인적으로 말하자면 120권 중에서 6권을 구입했으며 24권을 읽었다. 그대는 몇 권을 구입했으며, 몇 권을 읽었는가? 읽은 책에 대해 평점을 매겨보라.

- 순서는 제목 가나다 순이다.
- 주로 교보문고 자료를 바탕으로 했다.

* 1980년대

NO	제 목	저 자	구입	독서	평점
1	꼬마 철학자	알퐁스 도데			
2	꼬방동네 사람들	이동철			
3	나의 라임오렌지나무	J.M. 바스콘셀로스			
4	단	김정빈			
5	레테의 연가	이문열			
6	문학과 예술의 사회사	아놀드 하우저			
7	민들레의 영토	이해인			
8	민중과 지식인	한완상			
9	배짱으로 삽시다	이시형			
10	사람의 아들	이문열			
11	사랑굿	김초혜			
12	살며 사랑하며 배우며	레오 버스카글리아			
13	성자가 된 청소부	바바 하리다스			
14	소설 손자병법	정비석			
15	소유냐 삶이냐	에히리 프롬			
16	어둠의 자식들	황석영			
17	여자란 무엇인가	김용옥			
18	역사란 무엇인가	E.H. 카			
19	오늘 못다한 말은	이외수			

20	우리를 영원케 하는 것은	유안진			
21	인간시장	김홍신			
22	자기로부터의 혁명	지두 크리슈나무르티			
23	전환시대의 논리	이영희			
24	접시꽃 당신	도종환			
25	제3의 물결	앨빈 토플러			
26	철학 에세이	동녘 편집부			
27	축소 지향의 일본인	이어령			
28	한국 청년들에게 고함	김동길			
29	해방전후사의 인식	임헌영 외			
30	홀로서기	서정윤			

위 30권 중에서 가장 좋았던 책은

1. _____

2. _____

3. _____ 이다.

그 이유는?

* 1990년대

NO	제 목	저 자	구입	독서	평점
1	공부가 가장 쉬웠어요	장승수			
2	광수 생각	박광수			
3	그대 아직도 꿈꾸고 있는가	박완서			
4	나는 빠리의 택시운전사	홍세화			
5	나의 문화유산 답사기 1	유홍준			
6	내 아들아 너는 인생을 이렇게 살아라	필립 체스터필드			
7	뇌내혁명	하루야마 시게오			
8	뉴스를 말씀드리겠습니다 딸꾹	이계진			
9	닥터스	에릭 시걸			
10	마음을 열어주는 101가지 이야기	잭 캔필드			
11	매디슨카운티의 다리	로버트 제임스 월러			
12	모순	양귀자			
13	목민심서(소설)	황인경			
14	무궁화꽃이 피었습니다	김진명			
15	반갑다 논리야	위기철			
16	배꼽	오쇼 라즈니쉬			
17	빌게이츠@생각의 속도	빌 게이츠			
18	새로 쓰고 그린 꼬리에 꼬리를 무는 영어	한호림			
19	서른 잔치는 끝났다	최영미			
20	성공하는 사람들의 7가지 습관	스티븐 코비			
21	세계는 넓고 할 일은 많다	김우중			
22	소설 토정비결	이재운			
23	신화는 없다	이명박			
24	아버지	김정현			
25	오체불만족	오토다케 히로타다			
26	외눈박이 물고기의 사랑	류시화			
27	좀머씨 이야기	파트리크 쥐스킨트			
28	퇴마록(국내편)	이우혁			

| 29 | 한권으로 읽는 조선왕조실록 | 박영규 | | | |
| 30 | 홍어 | 김주영 | | | |

위 30권 중에서 가장 좋았던 책은

1. _____

2. _____

3. _____ 이다.

그 이유는?

* 2000년대

NO	제 목	저 자	구입	독서	평점
1	1Q84	무라카미 하루키			
2	공중그네	오쿠다 히데오			
3	긍정의 힘	조엘 오스틴			
4	끌리는 사람은 1%가 다르다	이민규			
5	나무	베르나르 베르베르			
6	네가 어떤 삶을 살든 나는 너를 응원할 것이다	공지영			
7	누가 내 치즈를 옮겼을까	스펜서 존스			
8	다빈치 코드	댄 브라운			
9	대한민국 20대 재테크에 미쳐라	정철진			
10	덕혜옹주	권비영			
11	마시멜로 이야기	호아킴 데 포사다			

12	매일 읽는 긍정의 한줄	린다 피콘			
13	모리와 함께 한 화요일	미치 엘봄			
14	모모	미하엘 엔데			
15	배려	한상복			
16	살아있는 동안 꼭 해야 할 49가지	탄줘잉			
17	선물	스펜서 존슨			
18	설득의 심리학	로버트 차알디니			
19	시크릿	론다 번			
20	엄마를 부탁해	신경숙			
21	연금술사	파울로 코엘료			
22	우리들의 행복한 시간	공지영			
23	이기는 습관	전옥표			
24	인생수업	엘리자베스 퀴블러			
25	정의란 무엇인가	마이클 샌델			
26	파피용	베르나르 베르베르			
27	하악하악: 이외수의 생존법	이외수			
28	해커스토익 Reading	David Cho			
29	향수	파트리크 쥐스킨트			
30	화성에서 온 남자 금성에서 온 여자	존 그레이			

위 30권 중에서 가장 좋았던 책은

1. _____

2. _____

3. _____ 이다.

그 이유는?

* 2010년대

NO	제 목	저 자	구입	독서	평점
1	1cm+	김은주			
2	7년의 밤	정유정			
3	Me Before You	조조 모예스			
4	꾸뻬씨의 행복여행	프랑수아 를로르			
5	나미야 백화점의 기적	히가시노 게이고			
6	내가 사랑한 유럽 TOP10	정여울			
7	내가 알고 있는 걸 당신도 알게 된다면	칼 필레머			
8	마법 천자문	올댓스토리/김성재			
9	멈추면 비로소 보이는 것들	혜민			
10	미움 받을 용기	기시미 이치로			
11	바람이 분다 당신이 좋다	이병률			
12	비밀의 정원	조해너 배스포드			
13	빅 픽처	더글라스 케네디			
14	설민석의 조선왕조실록	설민석			
15	습관의 힘	찰스 두히그			
16	아프니까 청춘이다	김난도			
17	안철수의 생각	안철수			
18	어떤 하루	신준모			
19	어떻게 원하는 것을 얻는가	스튜어트 다이아몬드			
20	언어의 온도	이기주			
21	엄마를 부탁해	신경숙			
22	오베라는 남자	프레드릭 배크만			
23	정글만리	조정래			
24	정의란 무엇인가	마이클 샌델			
25	지적 대화를 위한 넓고 얕은 지식	채사장			
26	창문 넘어 도망친 100세 노인	요나스 요나손			
27	채식주의자	한강			
28	천번을 흔들려야 어른이 된다	김난도			

29	해를 품은 달	정은궐		
30	해커스 토익 보카	David Cho		

위 30권 중에서 가장 좋았던 책은

1. _____

2. _____

3. _____ 이다.

그 이유는?

명작 추리소설

추리소설은 '첩보소설'과 비슷하면서도 다르다. 추리소설은 하나의 사건(죽음)을 풀어가는 과정을 보여주는 것이고, 첩보소설은 사건(저격, 파괴, 염탐)을 만들려는 사람과 그것을 막으려는 사람과의 대결을 그린다. 첩보소설은

『자칼의 날』(The Day of the Jakal) 프레드릭 포사이스

『바늘구멍』(Eye of the Needle) 켄 폴리트

『추운 나라에서 돌아온 스파이』(Spy Who Came in From the Cold) 존 르 카레가 대표작이다.

여기에 실린 추리소설은 전 세계적으로 널리 알려진 고전이다. 현대 작가의 작품은 평가가 내려지지 않았기에 제외했다. 움베르토 에코의 『장미의 이름』(Nome Della Rosa)을 추리소설로 분류하기는 무리가 있다. '그냥 소설'로 보아야 한다.

* 아가사 크리스티

아가사 크리스티(Agatha Christie 1890~1976)는 영국을 대표하는 추리작가로 미스터리의 여왕이라 불린다. 주요 작품으로는 『아크로이드 살인 사건』, 『그리고 아무도 없었다』, 『오리엔트 특급 살인』, 『쥐덫』, 『커튼』 등이 있다.

『쥐덫』(Three Blind Mice)

1947년 영국의 메리 여왕 80회 생일선물로 집필된 3분짜리 방송극을 원작으로 한 중편이다. 1953년 3월 27일 《경향신문》에 이승만 대통령이 "메리 여왕 서거에 대한 조문을 엘리자베스 2세 여왕에게 보냈다"는 기사가 있다. 메리 여왕(Mary of Teck, 1867~1953)은 조지 5세의 왕비이자 인도의 황후였다.

처음 제목은 '어린 쥐의 복수'였으나 크리스티는 1952년에 5막의 '쥐덫'(Mousetrap)으로 개작했다. 눈이 엄청나게 내린 런던의 몽스웰 여관에 사람들이 찾아온다. 그들은 각자의 사연을 안고 있으며 경찰도 있다. 그리고 차례로 살해된다. 몰리가 부르는 노래 '세 마리의 눈먼 쥐'에 사건의 힌트가 있다.

세 마리의 눈먼 쥐

그들이 달려가는 것을 보세요

그들은 언제나 농부의 아내를 쫓아다녔어요

추리소설에 관한 소개 글은 늘 이 질문으로 끝난다.
"과연 누가 범인일까?"
이 소설은 짧지만 강력하다. 어두운 밤에 홀로 이 책을 읽으면 등골이 오싹해진다. 심장이 약한 사람은 책을 집어던질 수도 있다. 그러므로 [대낮]에 [사람이 많은 곳]에서 읽기를 권한다.

『그리고 아무도 없었다』(And Then There Were None)

원제는 '10개의 검둥이 인형'(Ten Little Niggers)이다. 원리틀, 투리틀~ 동요를 떠올리면 된다. 작은 인디언 섬에 8명의 남녀가 초대되고 폭풍이 몰아치면서 1명씩 끔찍한 죽음을 맞는다. 얼릭 노먼 오언은 초대자, 유나 낸시 오언은 그의 부인, 베라 엘리자베스 클레이슨은 여교사, 존 고든은 군인, 에드워드 조지 암스트롱은 의사이다. 이들은 자신이 왜 죽어야 하는지 모르며, 누가 살인범인지도 모른다. 이들의 죽음은 'Ten little nigger boys' 노래와 동일하다.

10명의 흑인 소년이 식사를 하러 갔다가

1명이 목이 막혀 9명이 되었네

9명의 흑인 소년이 밤늦게까지 깨어 있다가
1명이 늦잠을 자서 8명이 되었네

모두가 죽은 뒤 메인 경감은 이렇게 질문한다.

따라서 열 사람 외에 다른 누군가가 섬에 있었다는 게 됩니다. 열 사람이 차례로 죽은 뒤 뒤처리를 한 자가 있었던 겁니다. 그러나 그는 어디에 숨어 있었을까요? 그리고 어디로 사라졌을까요?

『오리엔트 특급 살인』(Murder on the Orient Express)

여러 명이 있는 자리에서 한 명이 피살당하면 통상적으로 범인으로 의심되는 사람을 추적(조사)해 결국엔 범죄의 전모를 밝혀낸다. 그러나 에르퀼 푸아로(Hercule Poirot)는 누가 범인이 아닌지를 한 명씩 지워나간다. 그렇게 하다보면 마지막으로 남는 사람이 있다. 그가 범인이다. 그래서 보통의 형사(탐정)들이 현장을 부지런히 뛰어다니는 것에 비해 푸아로는 안락의자에 앉아 증거와 질문만으로 범인을 지목해낸다. 이처럼 뛰어난 두뇌와 캐릭터를 지녔으나 셜록 홈스(Sherlock Holmes)보다는 이름이 덜 알려져 있다. 오히려 『오리엔트 특급 살인』의 책제목이 더 널리 알려져 있다. 오리엔트 특급은 이렇게 정의된다.

오리엔트 특급(Orient Express)은 국제침대차회사에서 운행하던 장거리 기차였다. 국제 철도시설을 의미하는 말이었지만, 곧 '호화스러운 여행'의 동의어가 되었다. 1883년 6월 5일 첫 기차가 파리를 출발해 오스트리아 빈으로 떠나면서 역사적인 기적을 울렸다. 초기에 종착점은 터키 이스탄불이었다. 2009년 12월 12일 마지막 운행을 했다.

호화스러운 여행은 1명이 죽음으로써 불편한 여행으로 바뀐다. 같은 객실에 타고 있던 12명 중에 범인이 분명히 있다. 그들 모두는 살인자가 아니라는 확고한 알리바이를 가지고 있다. 그러면서도 살해 동기를 모두 지니고 있다. 이 난제를 풀어가는 임무가 우연히 탑승한 푸아로에게 주어졌다. 그리스인 의사 콘스탄틴, 미국인 세일즈맨 안토니오 파스카렐리, 스웨덴 출신의 중년 여성 그레타 올손…… 모두 국적도 다양하다! 과연 누가, 왜 죽였을까?

* 코난 도일

아서 코난 도일(Sir Arthur Ignatius Conan Doyle, 1859~1930)은 여러 권의 추리소설과 모험소설을 썼다. 그중 『주홍색 연구』, 『바스커빌 가문의 개』, 『4개의 서명』, 『셜록 홈스의 모험』을 권한다.

『셜록 홈스 시리즈』

영국인 홈스(Sherlock Holmes)는 1854년 태어나 1957년 사망했다. 무려 103년을 살았다. 1878년 탐정업을 시작해 전 생애에 걸쳐 1천 건에 약간 못 미치는 사건을 해결했다. 당연히 풀지 못한 사건도 있다. 친구이자 의사이면서 기록인(記錄人)인 왓슨(John H. Watson, 1850년대 초반 출생) 박사와는 1882년에 만났다. 두 사람은 런던 베이커가(街) 221B에 거주하면서 수많은 사건에 뛰어들어 범인을 잡았다.

두 사람에 대한 인물정보는 인터넷에 자세히 소개되어 있다. 소설 속 가상의 인물에 대해 그처럼 자세하게 소개된 것은 어쩌면 두 사람이 유일할 것이다. 그만큼 두 사람은 가상인물이 아니라 생존인물로 여겨진다. 여기에 한 명이 더 있는데 괴도(怪盜) 루팡이다.

아르센 루팡(Arsene Lupin)은 1874년 프랑스 루아르(Loire) 강변에서 태어났다. 어머니가 이혼 후 6살 때 한 백작의 집으로 들어갔는데 마리 앙투아네트 왕비의 목걸이를 훔치는 것을 시작으로 평생 도둑질을 업으로 삼았다. 40번 이상 이름을 바꾸었으며 5번 이상 결혼했고, 격투기와 법학, 의학, 변신술에 능했다. 그가 전 세계 독자의 사랑(?)을 받는 것은 사전에 범행을 고지하는 신사라는 점이다.

"00년 4월 26일 오후 10시 25분에 00에 있는 000의 목걸이를 훔치겠다."

아무리 철통같이 지킨다 하여도 결국에는 사라지고 만다. 그러한 그도 3번 이상 체포되었다. 물론 탈출했지만! 만약 그대가 탐정 홈스와 괴도 루팡 중에 한 명만을 친구로 삼아야 한다면 누구를 선택하겠는가?

※엘러리 퀸

이 사람은 작가이면서 탐정이고, 존재하면서도 존재하지 않는 인물이다. 엘러리 퀸(Ellery Queen)은 책속의 탐정이다. 그러면서도 작가이다. 한 명의 작가가 아니라 만프레드 리(Manfred Bennington Lee)라는 사람과 프레더릭 다네이(Frederic Dannay)라는 사람이 합동으로 만들어낸 가상의 작가이다. 둘 모두 미국 뉴욕 출생이다. 사촌 형제라고 하는데 성과 이름이 완전히 다른 남자들이 어떻게 사촌형제인지는 의아하다.

『Y의 비극』(The Tragedy of Y)

책 좀 읽었다는 사람이라면 반드시 들어보았을 추리소설이다. 이른바 'XYZ 비극' 시리즈 중 하나이다. 독을 마시고 바다에 빠져 시체로 둥둥 떠다니다가 5주 만에 발견된 남자는 자살로 추정된다. 그는 미남 화학자 요크 해터였다. 그의 아내 에밀리 해터는 재혼한 여자인데 성격이 포악하다. 그러면서도 돈을 많이 모았다. 전 남편의 딸인 루이자 캠피언을 편애해서 해터의 아들딸은 모두 엉망이 되었다. 첫딸 바바라 해터만 빼고…… 한 가문의 몰락이라는 점에서 『폭풍의 언덕』과 유사하다.

남편은 자살인데 얼마 후 루이자를 독살하려 한 사건이 일어난다. 다행인지 불행인지 실패로 끝난다. 그러나 에밀리 해터가 살해당하면서 사건은 미궁으로 빠진다. 사건을 해결해가는 사람은 그 유명한 드루리 레인(Drury Lane)이다.

이 소설은 1932년에 발표되었다. 지금의 관점으로 보면 식상한 전개일 수 있고, 초반부가 약간 지루할 수 있다. 그러나 세계 3대 추리소설임을 잊지 않기 바란다. 추리소설이 모두 그러하겠지만 놀라운 반전이 기다리고 있다.

엘러리 퀸은 나라 이름을 차용해 시리즈로 추리소설을 썼다.

1. 『로마 모자의 비밀』(The Roman Hat Mystery) 1929년
2. 『프랑스 파우더의 비밀』(The French Powder Mystery) 1930년
3. 『네덜란드 구두의 비밀』(The Dutch Shoe Mystery) 1931년
4. 『그리스 관의 비밀』(The Greek Coffin Mystery) 1932년
5. 『이집트 십자가의 비밀』(The Egyptian Cross Mystery) 1932년
6. 『아메리카 총의 비밀』(The American Gun Mystery) 1933년
7. 『샴 쌍둥이의 비밀』(The Siamese Twin Mystery) 1933년
8. 『중국 오렌지의 비밀』(The Chinese Orange Mystery) 1934년

9. 『스페인 곶의 비밀』(The Spanish Cape Mystery)1935년

1)번은 앨러리 퀸의 등단작이다. 이 중에서 5)번을 권한다.

아버지를 모시고 가던 엘러리는 그때서야 애로요 근처에서 발생한 기괴한 범죄 사건을 듣게 된 것이다. 유나이티드 프레스 통신사가 적절히 'T 살인사건'이라고 일방적으로 평가해버린 범죄 이야기였다. 사건의 신문기사에는 엘러리의 흥미를 끌 만한 요소가 많이 있었다. 예를 들면, 크리스마스 아침에 앤드류 밴이라는 사람이 목이 잘린 채 십자가에 못박혀 죽은 사실 등…….

* 에드거 앨런 포

에드거 앨런 포(Edgar Allan Poe)는 '애너벨 리'로 유명한 시인이다.

바닷가 어느 마을에 애너벨 리라고 하는 이름의 한 소녀가 살았습니다.
그 소녀는 나를 사랑하고 내 사랑받는 것 외에는
다른 아무것도 생각하지 않았습니다.

그러나 포는 추리소설가이다. 일반적으로 '추리소설의 창시자'로 불린다. 어쩌면 전 세계의 많은 사람들이 포의 이름은 알겠지만 그의

생애는 잘 모른다. 그는 사후의 명성과 달리 매우 비참한 삶을 살다가 비극적으로 죽었다.

『모르그가의 살인사건』(The Murders in the Rue Morgue)

'사슬의 커다란 환'이라고 오귀스트 뒤팡(Auguste Dupin)이 말했다. 그것은 분석적인 능력을 말한다. 누군가를 우연히 스쳐 지나가거나 어떤 사물을 보았을 때 그것과 관련된 이후의 현상을 추론해내는 것이다. 뒤팡은 그 기법으로 사건을 해결해 나간다.

4층에서 모녀가 살해된다. 딸은 벽난로에 거꾸로 처박혀 있고, 어머니는 목이 잘린 채 뒤뜰에서 발견된다. 모녀의 비명을 들은 사람들은 많다. 은행원 아돌프 르 봉이 곧 경찰에 붙잡힌다. 그러나 뒤팡은 그렇지 않다고 생각한다. 과연…….

뒤팡이라는 가상의 탐정이 등장하는 최초의 소설(1841년)로 인정받기 때문에 추리소설의 효시로 불린다. 그 외에 『검은 고양이』, 『어셔가의 몰락』 등이 있다. 2018년을 기준으로 177년 전에 집필되었지만 지금 읽어도 흥미진진하다.

* 가스통 루르

가스통 루르(Gaston Louis Alfred Leroux, 1868~1927)는 유명한 『오페라의 유령』(The Phantom of the Opera)을 쓴 프랑스 작가이다.

『노란 방의 비밀』(Le Mystère de la Chambre Jaune)

이른바 '밀실범죄'라는 새로운 스타일을 창출해낸 소설. 늦은 밤(사건은 대부분 밤에 일어난다) 딸의 방에서 비명이 울린다. 아버지와 집사는 방으로 달려가지만 문은 잠겨 있다. 방 안에서는 애원하는 소리와 총소리가 들린다. 겨우 문을 부수고 들어갔을 때 딸은 피를 흘리며 쓰러져 있다.

문제는, 그 노랗게 칠해진 방은 완전하다는 것이다. 문 외에는 출입이 불가능하다. 창문에는 쇠창살이 굳게 쳐 있다. 다행히 딸은 죽지 않았으나 며칠 후 또 공격을 받고, 범인은 달아나면서 산지기를 죽인다. 경찰에 체포된 다르자크(Robert Darzac) 교수는 알리바이를 대지 않는다('못한다'가 아니다). 왜 자신의 무죄를 주장하지 않는 것일까?

* 존 딕슨 카

존 딕슨 카(John Dickson Carr)는 불가능 범죄, 밀실 트릭을 다룬 작가로, 아가사 크리스티, 엘러리 퀸과 함께 추리소설의 트로이카로 일컫는다.

『황제의 코담배 케이스』(The Emperor's Snuff-Box)

바람둥이 에드와 이혼한 이브는 프랑스로 여행을 떠난다. 건너편 저택에 사는 청년과 사랑에 빠져 약혼을 한다. 갑자기 에드가 찾아오고, 다투던 도중에 창문으로 이브는 약혼자의 아버지가 살해되는 것을 목격한다. 그리고 경찰에 체포된다. 에드는 도망치고 이브는 자신의 무죄를 입증하지 못한다. 과연 그녀는 이 상황을 어떻게 헤쳐 나가야 할까?

코담배는 연기를 흡입하는 것이 아니라 코에 갖다 대고 냄새를 맡는 가루담배이다. 17세기부터 유럽에서 유행했는데 이 가루를 담는 그릇이 아름답게 만들어져 예술품으로 격상되었다. 약혼자의 아버지는 살해되기 전에 코담배 케이스를 바라보고 있었다. 그 케이스는 나폴레옹의 것이었다. 그것이 살인사건과 어떤 관계가 있을까?

* 윌리엄 아이리시

『환상의 여인』(Phantom Lady)

널리 알려지지 않은 윌리엄 아이리시(William Irish)는 미국 뉴욕에서 태어난 추리소설 작가이다. 본명은 코넬 울리치(Cornell Woolrich, 1903~1968)이다. 『환상의 여인』은 세계 10大 추리소설, 더 올라가면 3大 추리소설(『그리고 아무도 없었다』, 『Y의 비극』과 더불어)로 꼽힌다. 그런데 누가, 언제, 어떤 기준으로 3大라 했는지는 명확하지 않다.

만약 당신이 아내(혹은 친구, 아니면 아버지)와 싸움을 하고 집을 나와 우연히 만난 낯선 여자 A와 저녁식사를 하고 집으로 돌아갔는데…… 아내가 죽어 있다면 어떻게 할 것인가? 모든 정황에 의해 당신이 유일한 용의자로 지목되고, 결국 사형 판결을 받는다면?

아내가 피살당했을 그 시간에 A와 함께 밥을 먹었다는 사실을 입증하면 된다. 그런데 그 A를 아무리 찾아도 없다. 그녀를 찾는 사람들도 차례로 살해당한다. 질문은 늘 이렇다. 누가 아내를 죽였는가? 그리고…… A는 과연 누구인가?

📖 더 알아두기

1. 아주 오래된 책 중에 『형사 콜롬보 시리즈』(Columbo)가 있다. 옛날에 TV에서 인기리에 방영되었던 추리물의 대명사로, 콜롬보의 낡은 바바리코트와 어눌한 말투, 그러면서도 끈질긴 집념과 추리력이 일품이다. 리처드 레빈슨(Richard Levinson)과 윌리엄 링크(William Link)의 공저이다. 1974년에 첫 번역된 것으로 추정된다(이후로도 몇몇 출판사에서 여러 형태로 간행되었다). 문고본으로 전부 5권이다. 도서관에서 구할 수 있으므로 추리소설에 관심 있는 독자는 한 번 읽어보기를 권한다.

    1. 죽음의 方程式(방정식)
    2. 반지에 할킨 傷痕(상흔)
    3. 또 하나의 열쇠
    4. 構想(구상)의 死角(사각)
    5. 두 폭의 드가의 名畵(명화)

2. 또 한 명의 작가로 시드니 셸던(Sidney Sheldon)을 들 수 있다. 『벌거벗은 얼굴』을 비롯해 수십 편의 추리소설을 썼다. 영화를 좋아하는 사람이라면 『깊은 밤 깊은 곳에』(The Other Side of Midnight)를 기억하리라.

3. 한국의 장편 추리소설은 김성종의 『일곱 개의 장미송이』와 『제5의 사나이』를 권한다.

가슴에 새겨야 할 '한국'과 '세계'의 명시

여기에 실린 시는 순전히 저자의 개인적 취향이다. 이보다 훨씬 더 좋은 시는 무궁무진하지만 꼭 읽어야 할 시만 수록했다. 한국의 시는 대부분 광복 이후의 시이며, 세계의 시도 비교적 현대시를 수록했다. 저작권법에 의해 본문은 게재하지 못한다. 스스로 찾아서 읽는 노력을 기울이기 바란다.

(저자 가나다순)

* 한국 시(詩)

감태준　사모곡
강미영　오아시스
강은교　사랑법, 우리가 물이 되어, 저물 무렵, 풀잎
고두현　늦게 온 소포
고석종　숲, 바람의 무도

고운기	무소의 뿔처럼 혼자서 졸아라
고 은	문의 마을에 가서, 자화상
고정희	네가 그리우면 나는 울었다, 누가 홀로 술틀을 밟고 있는가?
곽재구	사평역에서, 새벽 편지
구광본	강
구 상	겨울 거리에서, 가장 사나운 짐승, 눈 내리는 강
권현형	첫 입맞춤
기형도	빈집, 안개, 엄마 걱정, 입 속의 검은 잎, 질투는 나의 힘
김관식	석상(石像)의 노래
김광규	상행, 희미한 옛사랑의 그림자
김광균	와사등, 추일서정, 설야
김광섭	고독, 성북동 비둘기, 저녁에
김규동	두만강
김기림	길, 바다와 나비, 태양의 풍속
김기택	사무원
김남조	가난한 이름에게, 겨울바다, 편지
김동리	자화상, 광화문 지하도
김동명	내 마음은, 파초
김동환	강이 풀리면, 국경의 밤, 눈이 내리느니, 북청 물장수, 산 너머 남촌에는, 웃은 죄
김명인	가을산, 마음의 정거장
김민기	늙은 군인의 노래

김상옥	봉선화, 사향(思鄕), 옥저(玉箸)
김상용	남으로 창을 내겠소
김성식	청진항
김소월	먼 후일, 가는 길, 개여울, 나는 세상 모르고 살았노라, 님과 벗, 못 잊어, 부모, 산유화, 엄마야 누나야, 예전엔 미처 몰랐어요, 옛 이야기, 접동새, 진달래꽃, 초혼
김수영	절망, 오래된 여행가방, 폭포, 푸른 하늘을, 풀
김 억	삼수갑산
김영남	정동진 역
김영랑	돌담에 속삭이는 햇발, 모란이 피기까지는, 오매 단풍 들겄네
김영석	썩지 않는 슬픔
김영승	반성 16, 반성 517, 반성 743
김용택	섬진강 1
김용화	친구
김종길	설날 아침에, 성탄제, 춘니(春泥)
김준태	강강술래, 참깨를 털면서
김지하	타는 목마름으로, 사랑, 오적(伍賊), 황톳길
김지혜	이층에서 본 거리
김초혜	사랑굿 113
김춘수	꽃, 샤갈의 마을에 내리는 눈
김해강	가던 길 멈추고
김현승	가을의 기도, 플라타너스, 눈물, 아버지의 마음, 창(窓), 평범

	한 하루
나태주	겨울 연가
나희덕	너무 늦게 그에게 놀러 가다
남진우	로트레아몽 백작의 방황과 좌절에 관한 일곱 개의 노트 혹은 절망 연습
노천명	사슴, 고별, 이름 없는 여인이 되어, 장날
도종환	봉숭아, 접시꽃 당신
류시화	그대가 곁에 있어도 나는 그대가 그립다, 길 위에서의 생각, 외눈박이 물고기의 사랑, 생활
마광수	가을
마종기	바람의 말, 섬
모윤숙	어머니의 기도, 국군은 죽어서 말한다
문병란	가을행, 직녀에게, 가을 노트
문정희	겨울일기
미 상	님을 위한 행진곡
민 영	묘비명, 베로니카를 위하여, 해지기 전의 사랑
박경리	옛날의 그 집
박남수	아침 이미지, 종소리
박노해	노동의 새벽, 손무덤
박두진	하늘, 해
박라연	서울에 사는 평강공주
박목월	나그네, 난(蘭), 이별가

박봉우	휴전선
박상순	6은 나무 7은 돌고래 열 번째는 전화기
박성룡	풀잎
박용래	강아지풀
박용철	고향, 눈은 나리네, 떠나가는 배
박인환	목마와 숙녀, 세월이 가면
박재삼	울음이 타는 가을 강, 천년의 바람
박제천	자음 2
박종화	사(死)의 예찬
박팔양	너무나도 슬픈 사실
박형준	가구의 힘
백무산	장작불, 돛대도 아니 달고
백 석	여우난곬족, 가즈랑집, 고야(古夜), 고향, 나와 나타샤와 흰 당나귀, 모닥불
변영로	논개, 봄비
서정윤	꽃 속에 서면, 홀로서기
서정주	국화 옆에서, 귀촉도, 꽃밭의 독백, 동천(冬天), 무등을 보며, 문둥이, 신록, 신발, 자화상, 푸르른 날
송수권	5월의 사랑, 산문에 기대어
신경림	가난한 사랑노래, 갈대, 농무, 목계장터, 파장(罷場)
신동엽	껍데기는 가라, 누가 하늘을 보았다 하는가, 이야기하는 쟁기꾼의 대지

신동집	어떤 사람
신석정	슬픈 구도, 그 먼 나라를 알으십니까, 대숲에 서서, 들길에 서서, 서정가, 아직 촛불을 켤 때가 아닙니다
신현림	꿈꾸는 누드
심 훈	겨울밤에 내리는 비, 그날이 오면
안도현	가난하다는 것, 서울로 가는 전봉준
양성우	겨울 공화국, 청산이 소리쳐 부르거든
양주동	영원의 비밀
오규원	문득 잘못 살고 있다는 느낌이, 비가 와도 젖은 자는
오상순	방랑의 마음, 아시아의 마지막 밤 풍경
오세영	10월 어느 날, 겨울 노래
오탁번	1m의 사랑, 순은(純銀)이 빛나는 이 아침에
용혜원	기다림, 사랑의 시인
원구식	탑, 탕진
유치환	행복, 그리움, 깃발, 바위, 생명의 서(書)
유 하	세운상가 키드의 사랑 1
윤동주	또 다른 고향, 병원, 서시, 자화상, 참회록
이갑수	요약
이근배	북위선(北緯線)
이대흠	눈물 속에는 고래가 산다
이문재	내 젖은 구두를 해에게 보여줄 때, 소금 창고
이병기	고향으로 돌아가자, 난초

이 상	거울, 오감도
이상화	나의 침실로, 빼앗긴 들에도 봄은 오는가
이생진	그리운 바다 성산포, 설교하는 바다
이성복	남해 금산, 정든 유곽에서
이성부	벼, 봄, 우리들의 양식
이수복	봄비
이용악	그리움, 전라도 가시내, 풀벌레 소리 가득 차 있었다
이육사	광야, 꽃, 절정, 청포도
이윤택	늑대
이윤학	7번국도변
이은상	가고파, 고지가 바로 저긴데, 그 집 앞, 성불사의 밤
이장희	봄은 고양이로다
이정하	그대 굳이 사랑하지 않아도 좋다, 한 사람을 사랑했네
이제하	눈 오는 날
이진명	'앉아서 마늘까'면 눈물이 나요
이태준	가을꽃
이해인	어느 수채화, 민들레의 영토
이형기	낙화
이호우	균열, 살구꽃 핀 마을
이희승	벽공(碧空)
임 화	네 거리의 순이, 현해탄
장만영	달·포도·잎사귀, 소쩍새

장석주	가을에
장정일	라디오와 같이 사랑을 끄고 켤 수 있다면, 삼중당문고, 햄버거에 대한 명상
전봉건	피아노
정공채	간이역
정완영	조국
정인보	자모사(慈母思)
정일근	유배지에서 보내는 정약용의 편지
정지용	유리창, 향수
정한모	가을에
정현종	거울, 모든 순간이 꽃봉오리인 것을
정호승	선암사, 부치지 않은 편지, 슬픔이 기쁨에게, 이별 노래
정희성	길, 저문 강에 삽을 씻고
조병화	공존의 이유·12, 소라, 의자, 해마다 봄이 되면
조오현	침목(枕木)
조정권	산정 묘지
조종현	나도 풋말이 되어 너랑 같이 살고 싶다.
조지훈	고사(古寺) 1, 낙화, 승무
조태일	국토 서시
주요한	부끄러움, 불놀이
차창룡	도배
채충석	겨울의 첫걸음

천상병	강물, 귀천, 나의 가난은, 우리집 뜰
천양희	그림 속의 물, 한계
최승자	일찌기 나는
최승호	대설주의보, 북어, 자동판매기
최영미	서른, 잔치는 끝났다
피천득	바다
하덕규	가시나무
하재봉	유년시절
한용운	나룻배와 행인, 님의 침묵, 알 수 없어요
한하운	보리피리, 전라도 길, 파랑새
함민복	긍정적인 밥, 흑백 텔레비전을 보는 저녁
함윤수	낙엽
홍사용	나는 왕이로소이다
황금찬	촛불, 가을 연인
황동규	버클리풍의 사랑노래, 나는 바퀴를 보면 굴리고 싶어진다, 三南에 내리는 눈, 조그만 사랑 노래, 즐거운 편지
황인숙	나는 고양이로 태어나리라
황지우	겨울-나무로부터 봄-나무에로, 새들도 세상을 뜨는구나, 어느 날 나는 흐린 주점에 앉아 있을 것이다

❖ 해외 시(詩)

A. 뮈세	슬픔
A. 테니슨	참나무
A. 피셔	작은 이야기
A. S. 푸시킨	삶이 그대를 속일지라도
B. 브레히트	살아남은 자의 슬픔
C. G. 로세티	네 가지 대답
C. 로트레아몽	말도로르의 노래
E. A. 포우	애너벨 리
E. 파전	지식
F. 잠	그 소녀는, 나는 당나귀가 좋아, 애가(哀歌)
G. G. 바이런	우리 둘이 헤어지던 때
G. K. 아폴리네르	미라보 다리
G. 밴더빌트	사랑은 조용히 오는 것
H. W. 롱펠로우	초원의 빛, 인생찬가
J. V. 아이헨도르프	밤의 꽃
J. W. 괴테	들장미, 잃어버린 첫사랑, 충고
J. 콕토	산비둘기, 사랑
P. 발레리	애정의 숲
R. B. 베넷	내일
R. M. 릴케	가을날, 고독, 두이노의 비가(悲歌), 사랑은 어떻게

R. W. 에머슨	전체와 각각
R. 구르몽	낙엽, 눈
R. 타고르	종이배, 당신 곁에, 기탄잘리
R. 프로스트	가지 못한 길, 목장
R. 피일드	아이스크림 아저씨
T.S. 엘리어트	황무지
W. B. 예이츠	이니스프리의 호도(湖島), 낙엽
W. 블레이크	굴뚝 소제부
W. 워즈워드	무지개, 초원의 빛, 우리는 너무 세속에 묻혀있다
가토 다이조(加藤諦三)	성숙한 사랑을 위해
디몬트 발렌타인	그대를 너무 사랑하기에
딜런 토마스	문서에 서명한 손
밀란 쿤데라	차라리 침묵하세요
바바 하리 다스	사랑의 빛
바쇼	여행 규칙
빅토르 위고	언제나 당신이 나만을 생각한다면
사무엘 울만	청춘
세르게이 예세닌	어머니의 편지
안나 아흐마또바	이별
안톤 쉬낙	우리를 슬프게 하는 것들
엘리자베스 브라우닝	날 사랑해야 한다면
오리아 마운틴 드리머	춤

옥따비오 빠스	섬
울리히 샤퍼	하루밖에 살 수 없다면
월트 휘트먼	풀잎, 첫 민들레
이바라기 노리코(茨木のり子)	내가 제일 예뻤을 때
이시하라 요시로우(石原吉朗)	장식열차(葬式列車)
존 던	누구를 위하여 종은 울리나
지셴(紀弦)	배
징기스칸	사막의 노래
칼릴 지브란	나는 어떻게 미친 사람이 되었는가, 내 영혼이 나에게 충고했네, 사랑에 대하여, 아이들에 대하여
토마스 하디	중간 색조
파블로 네루다	사랑의 소네트, 젊음, 하루에 얼마나 많은 일들이 일어나는가
폴 엘뤼아르	야간 통행금지, 자유
하인리히 하이네	노래의 날개, 로렐라이
헤르만 헤세	청춘의 정원, 행복해진다는 것, 아름다운 여인

만화 명작

만화는 나름대로 장점이 있다. 내가 어렸을 때인 1970년대에는 만화를 보지 못하도록 학교에서 엄격하게 금지시켰다. 심지어 '5대 사회악'(밀수·마약·탈세·폭력·도벌) 중 하나였다. 만화방에서 만화를 보다가 걸리면 정학 처분도 받았다. 그 이유는 정확히 모르지만 과대, 과장, 잔혹, 사기, 허구, 성 문란, 폭력 등이 금기 요소이지 않았나 싶다. 그러나 그 측면에서는 소설이 더하면 더했지 덜하지 않는다.

다음 목록은 현대의 베스트셀러물이 아닌 고전 만화이다(몇 작품은 최신작). 나이를 떠나 한번쯤 읽기를 권한다. 아쉽게도 일본 작품이 대세를 이룬다. (제목 가나다순)

* 한국

『각시탈』 - 허영만
『공포의 외인구단』 - 이현세

『며느리밥풀꽃에 대한 보고서』 - 이현세

『식객』 - 허영만

『아기공룡 둘리』 - 김수정

『아르미안의 네 딸들』 - 신일숙

『오달자의 봄』 - 김수정

『오디션』 - 천계영

『이오니아의 푸른 별』 - 황미나

『카멜레온의 시』 - 허영만

* 일본

『20세기 소년』/『21세기 소년』 - 우라사와 나오키

『괴짜 가족』 - 하마오카 켄지

『도전자 허리케인』(내일의 조) - 다카모리 아사오, 치바 데츠야

『들장미소녀 캔디』 - 미즈키 쿄코, 이가라시 유미코

『미스터 초밥왕』 - 테라사와 다이스케

『바람의 검심』 - 와츠키 노부히로

『바벨 2세』 - 요코야마 미츠테루

『베르사이유의 장미』 - 이케다 리요코

『수호지』 - 요코야마 미츠테루

『시간을 달리는 소녀』 - 쓰쓰이 야스타카

『신세기 에반게리온』 - 사다모토 요시유키

『아기와 나』 - 라가와 마리모

『오 나의 여신님』 - 후지시마 코스케

『올훼스의 창』 - 이케다 리요코

『요괴인간 벰 (베라 베로)』 - 한일합작 애니메이션

『유리가면』 - 미우치 스즈에

『이나중 탁구부』 - 후루야 미노루

『진격의 거인』 - 이사야마 하지메

『짱구는 못말려』(크레용 신짱) - 우스이 요시토

『철완 아톰』 - 데즈카 오사무

『황금박쥐』 - 한일합작 애니메이션

* 기타

『쥐』 - 아트 슈피겔만 (스웨덴)

:: 지금도 기억나는 것은 이상무의 『독고 탁』 시리즈, 김종래의 역사극, 이근철의 『프랑스 레지스탕스』 시리즈, 이두호의 『타이거 마스크』 등이다.
:: 몇몇 작품은 시중에서 구하기 어려운 것도 있다.

다음 물음에 답하라.

- 가장 감동적이었던 책은 『레 미제라블』이었다.
  나는 _____ 이다.

- 가장 슬펐던 책은 『달과 6펜스』였다.
  나는 _____이다.

- 어렸을 때 가장 재미있었던 책은 『로빈슨 크루소의 모험』이었다.
  나는 _____이다.

- 성인이 되어 가장 재미있었던 책은 『사나운 새벽』이었다.
  나는 _____이다.

- 가장 가슴 아팠던 책은 『폭풍의 언덕』이었다.
  나는 _____이다.

- 가장 충격적이었던 책은 『달은 누가 만들었을까』였다.
  나는 _____이다.

- 가장 어처구니없었던 책은 『동물농장』이었다.
  나는 _____이다.

- 가장 흥미롭게 읽었던 책은 『야망의 계절』이었다.

  나는 _____이다.

- 가장 긴장감 있었던 책은 『바늘구멍』이었다.

  나는 _____이다.

- 가장 소름끼쳤던 책은 『쥐덫』이었다.

  나는 _____이다.

- 가장 분노했던 책은 『분노의 포도』였다.

  나는 _____이다.

- 가장 공감하기 어려웠던 책은 『눈먼 자들의 도시』였다.

  나는 _____이다.

- 가장 생각을 오래한 책은 『이기적 유전자』였다.

  나는 _____이다.

- 가장 좋아하는 시는 정희성의 '저문 강에 삽을 씻고'이다.

  나는 _____이다.

- 가장 출중한 역사 소설은 『풍도』(風濤)였다.

  나는 _____ 이다.

- 가장 처참했던 책은 『인간의 조건』이었다.

  나는 _____ 이다.

- 가장 눈물을 많이 흘렸던 책은 『우동 한 그릇』이었다.

  나는 _____ 이다.

- 가장 연민이 많이 갔던 주인공은 '히스클리프'였다.

  나는 _____ 이다.

- 무인도에 갈 때 1권의 책만 가져가야 한다면 『임꺽정』이다.

  나는 _____ 이다.

- 삶에 가장 큰 영향을 끼친 책은 『무진기행』이었다. 이후 글쟁이가 되기로 마음먹었다.

  나는 _____ 이다.

  왜? _____

마지막 당부

책의 길은 자신이 만들어가는 것

책으로의 긴 여행이 끝났다. 장황한 설명을 간단히 줄이겠다.

1. 많은 책을 읽으려 하지 마라. 지나친 독서는 사람을 문약하게 만들며 실천보다는 이론, 행동보다는 말이 앞서게 만들 수 있다. "책 속에 길이 있다"는 말은 허구이다. 단 한 권만이라도 제대로 읽으면 자신의 길을 만들어 갈 수 있다. 삶에서는 실천궁행이 무엇보다 중요하다.

2. 허황된 주장이나 이미 성공한 방식을 열거하는 책에 속지 마라. 『5천만 원으로 10억 만들기』는 불가능하다. 실제 그런 업적(?)을 달성한 사람도 있지만 그 사람은 책이 아니라 실천으로 목표를 달성한 사람이다. 스티브 잡스의 전기를 읽는다 하여 제2의 스티브 잡스가 되지는 못한다.

3. 독서는 성공의 요소가 아니라 성공한 이후의 삶에 절대적인 영향을 끼친다는 사실을 잊지 마라.

4. 모든 책에 우선하는 것은 『세계사』이다. 반드시 세계사를 먼저 읽은 후 독서를 시작하라.

5. 제2부 [명작으로의 여행]에서 소개한 17권의 책은 반드시 읽어라. 나라별로, 주제별로 풍부한 지식과 (더 나아가) 지혜를 준다.

6. 고전이고, 베스트셀러이고 다 귀찮다면 『그리스 로마 신화』, 『삼국지』 두 권만이라도 읽어라.

7. 기본적인 독서는 35살 이전에 끝내라. 그 후에 읽는 책은 삶에 큰 도움이 되지 못한다.

8. 시를 100편 이상 읽어라. 학창 시절에 이미 50편 이상은 읽었으므로 나머지 50편은 금방 읽는다.

9. 책을 읽을 때 메모지를 끼워놓고 주인공의 이름을 적어가면서 읽어라. 중요하거나 아름다운 문장이 나오면 밑줄을 쳐라.

10. _____

찾아보기

ㄱ

가롯 유다 37
가스통 루르 273
가시나무 새 152, 192
가와바타 야스나리 137, 186
간디 169
갈리폴리 89
갈매기의 꿈 107
감금 문학 143
개선문 92, 288
거미여인의 키스 176, 188
걸리버 여행기 147, 190
검은 비(黑雨) 138, 196
게르만족 27, 62
게송(揭頌) 203
고도를 기다리며 57, 182, 183, 188, 242
고르곤 40
고미카와 준페이 92, 138, 192
고요한 돈강 92, 138, 163, 192
공산당 선언 72
공자 212
공자가 죽어야 나라가 산다 38, 39
과학혁명의 구조 206~208
관객모독 114

광인일기 136, 186
구로야나기 테츠코 107
구리 료헤이 107
구약(舊約) 37, 38, 67, 199
굴라크 141
귄터 그라스 68, 186
그리고 아무도 없었다 264, 265, 275
그리말디인 163
그리스 로마 신화 35, 40~42, 46, 51, 181, 198, 243, 297
그을린 사랑 245
근친상간 193, 243
금각사 137, 192
금병매 44, 211
기드 모파상 61, 151, 186
기요틴 56, 57
김원중 33, 212

ㄴ

나는 고양이로다 137, 286
나의 라임오렌지나무 107, 176, 188, 256
나폴레옹 57, 73, 74, 76, 92, 123, 127, 150, 174

나폴레옹 법전 108
냇킹콜 84
노란 방의 비밀 273
노만 메일러 92
노벨문학상 24, 26, 92, 118, 120, 121, 137, 145, 170, 177, 196, 249
노인과 바다 24
노트르담의 꼽추 60, 147, 188, 189
논어 35, 38, 43
농노제 164
누구를 위하여 종은 울리나 22~25, 289
누보로망 250
느릅나무 밑의 욕망 113, 190
니벨룽겐의 노래 68, 194
니체 222

ㄷ

닥터 지바고 121, 145, 188
단두대에 관한 성찰 120
단테 69, 191
달과 6펜스 53, 76, 155, 161, 293
당시정해(唐詩精解) 217
대망 138
대위의 딸 128, 190
대지 136, 153, 194, 232
데미안 32, 34, 53, 62, 64~68
도라도라도라 89
도조 히데키 70

도쿠가와 이에야스 138
독립전쟁 57, 213, 214
돈키호테 51, 188
동물농장 53, 70, 73~76, 293
동물주의 원칙 7계명 73
드골 106
뜨거운 양철지붕 위의 고양이 113

ㄹ

라쇼몬(羅生門) 137
라스콜리니코프 1122, 123, 125, 127
라스푸틴 214
라이언 일병 구하기 89, 97
라틴아메리카의 역사 177
러시아 혁명 77, 148, 189, 213~215
레닌 72, 77, 215
레마르크 53, 86, 89, 92, 188
레 미제라블 53, 54. 59, 60, 147, 293
로버트 오언 72, 216, 265
롤리타 85, 186
료마는 간다 137
루쉰 53, 130, 132, 135, 136, 186
루이제 린저 152, 153, 188
루이지 피란델로 114, 194
루트 66 83, 84
리어왕 46, 47
리처드 바크 107
리타 헤이워드와 쇼생크 탈출 117, 120

ㅁ

마시멜로 이야기 107, 259
마오쩌둥(毛澤東) 71, 131, 136
마콘도 174, 175
마크 트웨인 84, 188
마테차 173, 175, 176
막심 고리키 128, 145
만들어진 신 206
맥베스 46, 47
머나먼 쏭바강 92, 231
멋진 신세계 76, 190
모르그가의 살인사건 272
모리와 함께한 화요일 107, 260
모모 68, 188, 189
모방(미메시스) 217
모비딕 51, 192
모옌(莫言) 137, 192
뫼르소 117~119, 120
무방비도시 105
무소유 222
무소의 뿔처럼 혼자서 가라 203, 279
무스타파 218, 219
무진기행 174, 229, 295
문화대혁명 136
뮐러 5세 91
미시마 유키오 137, 192
미치 앨봄 107
미하일 숄로호프 92, 128, 163
미하일 엔데 68, 188, 260

ㅂ

바람과 함께 사라지다 96, 99, 147, 153, 188
바스커빌 가문의 개 267
바스티유 감옥 57
배심원 167, 168
백거이(白居易) 216, 217
백년 동안의 고독 7, 53, 171, 174, 177
백련교의 난 131
버나드 맬러머드 194
법구경 202, 203
베니스의 상인 46, 47
베다(Vedas) 200
베단타(Vedānta) 200
베르사이유의 장미 291
벤자민 버포드 부바 블루 97
벤자민 킨 177
벨레로폰테스 41
벨린스키 124
보도연맹 229, 230
보리스 파스테르나크 121, 188
부활 53, 128, 147, 163, 169
분노의 포도 53, 78, 84, 294
붉은 수수밭 137, 192
브라만 200, 201
블랑쉬 108~113
비범인(非凡人) 123
비블리아 37
비스마르크 62

빅브라더 76
빅토르 위고 53, 54, 60, 124, 150, 188, 288
빈센트 반 고흐 161
빙점 153, 192
빠블로 네루다 177, 289
뿌리 99

ㅅ

사기열전 33, 211~213
사르트르 20, 121, 188, 222
사무엘 베케트 53, 178, 183, 184, 188
사서삼경 216
산업혁명 150
삶이 그대를 속일지라도 128, 287
삼국지 211, 246, 297
새벽의 7인 89
생의 한가운데 153, 188
생텍쥐페리 100, 102, 105,
생텍쥐페리 최후의 비밀 106
샤갈 164, 280
샤를 로테 68
샬럿 브론테 152
서머셋 모옴 53, 76, 155, 188
서부전선 이상 없다 6, 53, 86, 88, 89, 91, 92
선택된 인간 192, 245
설국(雪國) 137, 186

성경 35~37, 45, 65, 7, 126, 143, 181, 199, 246
세계사 편력 222
세계철학사 27, 29
세네카 210
세일즈맨의 죽음 84, 113, 192
세종대왕 문맹 퇴치상 31
셜록 홈스 266~268
셰익스피어 45, 46, 124
소유냐 삶이냐 222, 256
소크라테스 40, 222
소크라테스의 변명 222
소포클레스 218
솔제니친 53, 128, 139, 143~145
쇼군(將軍) 138
수레바퀴 아래서 67, 68
수용소 군도 128
수호지 194, 211, 291
스카웃 95~98
스칼렛 96, 147, 189
스콜라 철학 29
스콧 피츠제럴드 84, 190
스탈린 70~72, 75, 140, 143, 145
스탕달 61, 188
스토우 부인 99, 192
스티븐 킹 120
스페인 내전 26, 27, 92
시경(詩經) 216
시계태엽 오렌지 99, 192

시내암(施耐庵) 64, 194
시드니 셸던 276
시몬느 드 보부아르 153, 188
시바 료타로 137
시편 37
시학 217
신곡 69
신약(新約) 37, 126
신해혁명 131, 134
싯다르타 68

ㅇ

아가멤논 218
아가사 크리스티 264, 274
아낌없이 주는 나무 107
아라비아의 로렌스 89, 188
아라비안 나이트 220, 221
아리스토텔레스 40, 217
아서 밀러 84, 113, 192
아우렐리아노 가문 174, 175
아쿠타가와 류노스케 137
아Q정전 53, 132~136, 147
아트 슈피겔만 77, 292
안나 카레니나 169, 192, 193
안네의 일기 147
안셀무스 29
알베르 카뮈 53, 61, 115, 118, 119, 120, 190

알프레트 폰 슐리펜 86~88
앙드레 지드 61, 190
앙시앵레짐 56, 57
애너벨 리 271, 287
애덤 펜스타인 177
애드가 앨런 포 110, 190, 271
앨라배마 이야기 96, 97
앵무새 죽이기 53, 93, 96, 98
야마사키 도요코 138, 236
야마오카 소하치 138
양철북 68, 186
어린 왕자 53, 61, 100~103, 105, 106
어셔가의 몰락 190
어윈 쇼 84, 194
엄복(嚴複) 33, 34
에디스 해밀턴 42
에른스트 곰브리치 222
에릭 아서 블레어 76
에밀 싱클레어 64, 67
에밀리 브론테 53, 76, 146, 150, 152
H. 멜빌 51, 192
XYZ 비극 시리즈 269
엘러리 퀸 269, 270, 274
여자의 일생 61, 151, 186
역사란 무엇인가 222, 256
열린사회와 그 적들 222
예언자 218
오디세우스 40
오리엔트 특급 살인 264, 266

오만과 편견 153, 190
오승은(吳承恩) 44, 194
오이디푸스 콤플렉스 42, 43
오이디프스왕 218
오자서(伍子胥) 212
오페라의 유령 273
올더스 헉슬리 76, 190
욕망이라는 이름의 전차 53, 84, 108, 113
우동 한 그릇 107, 295
우파니샤드 200, 201
움베르토 에코 194, 263
원씨물어(源氏物語) 137
월탄 박종화 64, 237, 282
위대한 개츠비 84, 196
윈스턴 처칠 92
윌리엄 아이리시 275
윌리엄 와일러 152
유대교 199, 201
유리가면 292
유리동물원 113
유진 오닐 113, 190
유토피아 71, 72
이기적 유전자 204~206, 294
이노우에 야스시 137
이반 데니소비치 슈호프 141, 143
이반 데니소비치의 하루 53, 128, 139, 143, 145
이방인 53, 61, 115, 116, 118, 121

이현상 241
인간의 조건 92, 138, 192, 196, 295
임창순 217

ㅈ

자기 앞의 생 68, 190
자유에의 길 121
자유프랑스 106
자칼의 날 194, 263
장 발장 54, 56, 59, 147
장미의 이름 194, 263
장정(長征) 90, 136
잭 런던 76, 77
적과 흑 61, 188
전쟁과 평화 92, 169, 195
젊은 베르테르의 슬픔 68, 147, 186
젊은 예술가의 초상 161, 190
제3계급 57
J.R.R. 톨킨 76
제2차 세계대전 27, 28, 89, 92, 97, 106, 138, 140, 196
제인 에어 152, 188
제인 오스틴 153, 190
제1차 세계대전 26, 27, 66, 86~89, 91, 214
제임스 조이스 161, 190
제임스 클라벨 138
제주 4·3사태 251

제8요일 194
조설근 44
조지 오웰 53, 70, 76, 190
존 던 23, 289
존 딕슨 카 276
존 스타인벡 53, 78, 190
좀머씨 이야기 107, 258
좁은 문 61, 147, 190
죄와 벌 6, 53, 122, 124, 128, 219
죽음의 수용소에서 222
중국 시가선 216, 217
중국사 서설 29, 30
중화민국 130, 131, 134
쥐덫 264, 294
G.G. 마르케스 53, 171, 174, 175
지식인을 위한 변명 20, 222
진주 귀고리 소녀 161
진주만 89
진화론 204
집단농장 71, 72
짜라투스트라는 이렇게 말했다 222

체 게바라 평전 223
칭기즈 칸 27, 70

ㅋ

카라마조프가의 형제들 128, 188
카르타고 86
카멜레온의 시 291
카오스 209
카인 63~65, 181, 253
카츄샤 147, 165, 167
카프카 68, 185, 190
칸나이 전투 86
칸딘스키 164
칼 융 66
코난 도일 267
코스모스 209~211
콰지모도 60, 147, 189
쿤타킨테 99
크로마뇽 163
키부츠 72
키예프 공국 164

ㅊ

참호전 88
창가의 토토 107
창조론 204, 206
1984 76, 190
청춘의 정원 64, 289

ㅌ

탈무드 199, 247
테너시 윌리엄스 53, 84, 108, 113
토마스 만 68, 192, 244
토마스 모어 71

톨스토이 53, 92, 128, 163, 165, 169, 170, 192
톰 소여의 모험 84, 188
톰 아저씨의 오두막 96, 97, 99, 192
톰 조드 81
투르게네프 128, 192
트로츠키 145, 215

ㅍ

파블로 네루다 177, 289
패러다임 206~208
펄 벅 136, 153, 194, 232
페스트 27, 121, 190
평범인(平凡人) 123
포세이돈 40~42
폭풍의 언덕 6, 53, 76, 146~149, 151, 152, 270, 293
폴 고갱 161
표도르 도스토옙스키 53, 122, 124, 127, 128, 165, 198
표트르 1세 164
푸시킨 128, 190, 287
풍도(風濤) 137, 295
퓰리처상 96, 99
프랑스 혁명 56, 57, 60, 150, 213~215

ㅎ

하퍼 리 53, 93, 96, 98
한국전쟁 34, 90, 228, 229, 242, 243, 246, 252
한니발 86
한비자 212
한센병 242
한스 요아힘 슈퇴리히 29, 30
핵소고지 97
햄릿 46, 47, 147
허삼관 매혈기 136
헤라클래스 40
헤르만 헤세 32, 53, 62, 64, 66~68, 289
헤밍웨이 24, 25, 92. 192, 193
헤브라이즘 40
헥토르 40
헨리 데이빗 소로우 222
헨리 밀러 85
헨리 8세 45
헬레니즘 40
호밀밭의 파수꾼 99, 188
호아킴 데 포사다 107, 259
황야의 절규 76
황제의 코담배 케이스 276
흉내지빠귀 99
흐루시초프 145
흑사병 27, 121
히스클리프 148, 149, 151, 295
히틀러 70, 71

나를 찾아가는 독서여행
-현대인을 위한 독서대백과사전

2018년 1월 12일 초판 인쇄
2018년 1월 22일 초판 발행

지은이 김호경
펴낸곳 도서출판 말글빛냄
펴낸이 한정희
주소 파주시 회동길 445-1 경인빌딩 B동 4층
전화 02-325-5051 **팩스** 02-325-5771
홈페이지 www.wordsbook.co.kr
등록 2004년 3월 12일 제313-2004-000062호
ISBN 979-11-86614-09-9 03800
가격 15,000원

* 잘못된 책은 구입하신 서점에서 바꾸어 드립니다